Symbolische Wiedergutmachung
im strafrechtlichen Sanktionensystem

Europäische Hochschulschriften
Publications Universitaires Européennes
European University Studies

Reihe II
Rechtswissenschaft

Série II Series II
Droit
Law

Bd./Vol. 2890

PETER LANG
Frankfurt am Main · Berlin · Bern · Bruxelles · New York · Oxford · Wien

Jin-Kuk Lee

Symbolische Wiedergutmachung im strafrechtlichen Sanktionensystem

Auf der Suche nach der Möglichkeit einer weiteren konstruktiven Tatverarbeitung und Entkriminalisierung durch symbolische Wiedergutmachung

PETER LANG
Europäischer Verlag der Wissenschaften

Die Deutsche Bibliothek - CIP-Einheitsaufnahme

Lee, Jin-Kuk:

Symbolische Wiedergutmachung im strafrechtlichen Sanktionensystem : auf der Suche nach der Möglichkeit einer weiteren konstruktiven Tatverarbeitung und Entkriminalisierung durch symbolische Wiedergutmachung / Jin-Kuk Lee. - Frankfurt am Main ; Berlin ; Bern ; Bruxelles ; New York ; Oxford ; Wien : Lang, 2000
(Europäische Hochschulschriften : Reihe 2, Rechtswissenschaft ; Bd. 2890)
Zugl: Marburg, Univ., Diss., 2000
ISBN 3-631-36464-4

D 4
ISSN 0531-7312
ISBN 3-631-36464-4

Meiner Familie

„Wenn Gesetze die Menschen leiten, man sie mit Strafen zur Gleichartigkeit hinzuführen versucht, werden sie der Strafe auszuweichen trachten, aber kein Gespür für Schande haben. Wenn Tugend sie leitet und die Gebote des Anstands sie der Gleichartigkeit näherbringen sollen, werden sie ein Gespür für Schande haben und sich zudem zum Guten verändern“.

(Konfuzius, in: Lunyü)

Vorwort

Die vorliegende Arbeit ist vom Fachbereich Rechtswissenschaften der Philipps-Universität Marburg im Wintersemester 1999/2000 als Dissertation angenommen worden.

Besonderen Dank schulde ich meinem Doktorvater Professor Dr. Dieter Rössner, der nicht nur das Entstehen der Arbeit jederzeit mit Rat und Tat betreut hat, sondern auch mir durch seine großzügige Unterstützung den Aufenthalt in der Bundesrepublik wesentlich erleichtert hat; weiter danke ich Herrn Professor Dr. Georg Freund dafür, dass er freundlicherweise die Zweitbegutachtung der Arbeit übernommen und mir vielfältige Anregungen gegeben hat.

Danke schulde ich auch meinen lieben koreanischen Professoren an der juristischen Fakultät der Universität Dong-A in Pusan/Südkorea, die mich stets unterstützt und Mut gemacht haben. Besonders erwähnen möchte ich hier die Herren Prof. Dr. Sang-Ho Kim, Il-Tae Hoh, Hyo-Jeon Kim, Man-Hee Choung und Hak-Chun Lee.

Bedanken möchte ich mich auch an dieser Stelle bei der Hessischen Förderung von Nachwuchswissenschaftlern und der Deutsch-Koreanischen Juristischen Gesellschaft e.V., die mich gefördert und unterstützt haben. Ohne ihre finanzielle Hilfe hätte die Arbeit nicht entstehen können.

Schließlich danke ich meinen Eltern und vor allen meiner Frau, die immer wieder mit großer Geduld auf gemeinsame Zeit verzichtet hat.

INHALTSVERZEICHNIS

EINLEITUNG

Auf der Suche nach alternativen Reaktionsmöglichkeiten haben sich die deutsche Kriminalwissenschaft und Strafpraxis seit den achtziger Jahren mit dem Täter-Opfer-Ausgleich und der Wiedergutmachung befasst, welche abweichend von den herkömmlichen Zwangssanktionen die sozialkonstruktive und opferbezogene Tatverarbeitung in das Zentrum des strafrechtlichen Sanktionensystems rücken. Beruhend auf einer breiten Akzeptanz in der Öffentlichkeit sowie der Akzeptanz im engeren Kreis der Betroffenen dienen die Instrumentarien der freiwilligen Tatwiedergutmachung einerseits der stärkeren Wahrnehmung der Opferbelange durch materielle und immaterielle Wiedergutmachungsleistungen und damit anderseits der Erreichung der kriminalpolitischen Zielsetzung der Entkriminalisierung.

Dieser Grundgedanke des konstruktiven Tatfolgenausgleichs fand bereits im Jahr 1990 im jugendstrafrechtlichen (§§ 10 Abs. 1 S. 3 Nr. 7 und 45 Abs. 2 S. 2 JGG) und daran anschließend auch erwachsenenstrafrechtlichen Sanktionensystem (§ 46a StGB) seinen Niederschlag. Dennoch sind die einzelnen Regelungsinhalte des §46a StGB noch immer unbefriedigend. Die an die freiwillige Wiedergutmachung geknüpften Hoffnungen, die auf die präventiven Effekte abzielen, haben sich jedenfalls nicht in dem von der Reforminitiative erwarteten Umfang erfüllt. Zwar ist in § 46a StGB die richtige Zielsetzung des freiwilligen Tatfolgenausgleichs beschrieben worden, aber sowohl in der Gesetzgebung als auch in der wissenschaftlichen Diskussion sind die konstruktiven Reaktionsansätze nur wenig geklärt. Dies wird deutlich, wenn man sich veranschaulicht, dass die traditionellen Ansätze zur Wiedergutmachung meistens auf die materielle Schadenswiedergutmachung, die zivilrechtlich ausgeprägt ist und die auf die Delikte mit persönlichen Opfern anzuwenden ist, ausgerichtet sind. Damit hat das Wiedergutmachungsmodell jedoch eine begrenzte Reichweite, die nicht jede Form der Kriminalität regeln kann.

Um die eingeschränkte Tragweite der materiellen Wiedergutmachung zu erweitern und um dadurch eine weitere Entkriminalisierung auch bei Straftaten ohne Opferperson zu ermöglichen, wurde die freiwillige symbolische Wiedergutmachung der Tat empfohlen. Im geltenden Recht, vor allem in § 46a StGB, sind nur wenige Möglichkeiten der symbolischen Wiedergutmachung gegeben. Die gesetzgeberische Lücke der symbolischen Wiedergutmachung im System der freiwilligen Tatwiedergutmachung kann auf die Debatte über die Wiedergutmachung auf dem 59. Deutschen Juristentag zurückgeführt werden: Bei dieser Tagung wurde zwar die Notwendigkeit der Anwendung symbolischer Wiedergutmachung im Grunde angenommen, aber ihre Einbeziehung in das strafrechtliche Sanktionensystem ist auf starken Widerspruch gestoßen [1]. Ein Grund dafür war, dass es keiner besonderen Regelung über die symbolische Wiedergutmachung bedarf, weil es einerseits bei ihr am engen Bezug zur Tat und zum Opfer fehlt, andererseits man symbolische Wiedergutmachung im Auflagenkatalog des geltenden Gesetzes finden kann und dies ohnehin nutzbar ist[2]. Durch die Beschränkung auf die opferbezogene „materielle" Wiedergutmachung werden in das Sanktionensystem des allgemeinen Strafrechts jedoch eine Reihe von Widersprüchen und Inkonsequenzen hineingetragen, die in der vorliegenden Arbeit aufgezeigt werden.

Aufgrund der vorhandenen knappen Möglichkeiten der freiwilligen symbolischen Wiedergutmachung soll mit der folgenden Arbeit versucht werden, der symbolischen Wiedergutmachung durch eine deutliche Betonung der Opfer- und Täterperspektive neue Impulse zu vermitteln.

Im ersten Kapitel soll zunächst auf die Definition der symbolischen Wiedergutmachung und das Verhältnis zu den anderen Varianten der Wiedergutmachung eingegangen werden. Daran schließt sich die präventive Relevanz der strafrechtlichen Tatwiedergutmachung und des kriminalpolitischen Stellenwertes der symbolischen Wiedergutmachung an. Dabei steht die Vereinbarkeit der Autonomie des Täters mit dem strafrechtlichen Sanktionssystem im Vordergrund der Darstellung.

Im zweiten Kapitel wird der Frage nachgegangen, inwieweit der friedensstiftende Tatfolgenausgleich im strafrechtlichen Sanktionensystem angewendet werden soll. Im Täter-Opfer-Ausgleich ist die symbolische Wiedergutmachungsleistung mit der materiellen Wiedergutmachungsleistung eng verbunden. Es wird dabei skizziert werden, für welche strafrechtlichen Konflikte welche Leistungsform der symbolischen Wiedergutmachung ge-

1 Dabei wurde die erste Alternative, symbolische Wiedergutmachung in die Regelung über Täter-Opfer-Ausgleich und Wiedergutmachung einzubeziehen, mit 28: 43: 4 abgelehnt. Dazu Sitzungsbericht O 1992, S. 187.

2 Sitzungsbericht O 1992, S. 14, 70, 168, 187.

eignet erscheint. Es sollen aber auch die besonderen Fallkonstellationen der symbolischen Wiedergutmachung dargestellt und die Möglichkeit der symbolischen Wiederherstellung des Rechtsfriedens auch bei opferloser Kriminalität erörtert werden.

Im Rahmen des dritten Kapitels soll darauf eingegangen werden, ob es in dem vorhandenen Wiedergutmachungsrecht, das auf materiell- und verfahrensrechtlicher Ebene im Gesetz verankert ist, die Möglichkeit der symbolischen Wiedergutmachung gibt. Weiterhin wird geprüft, ob die jetzigen Regelungen der Wiedergutmachung mit der freiwilligen Wiedergutmachung in Einklang stehen.

ERSTES KAPITEL: TATWIEDERGUTMACHUNG IM STRAFRECHTLICHEN REAKTIONSSYSTEM

1. Begriffsbestimmung der symbolischen Wiedergutmachung im Kontext des konstruktiven Tatfolgenausgleichs

1.1. Begriff der symbolischen Wiedergutmachung

Der Begriff „symbolische Wiedergutmachung" wird bisher in der strafrechtlichen und kriminologischen Literatur [3] nicht selten gebraucht, doch gibt es im geltenden Gesetz weder eine Legaldefinition noch umfassende Erklärungen. Es ist daher notwendig, auf das Wesen und den Sinn des Begriffs der „symbolischen Wiedergutmachung" einzugehen.

Rein theoretisch gesehen könnte man die symbolische Wiedergutmachung als eine Strafe verstehen, in der das Gericht oder die Staatsanwaltschaft dem Täter eine Genugtuungsleistung, z.B. gemeinnützige Arbeit, gegenüber Allgemeinheit anordnen. Jedoch handelt es sich bei der hier in Frage stehenden Terminologie „symbolische Wiedergutmachung" um den Gedanken der strafrechtlichen Wiedergutmachung, die auf den Opferschutz und die autonome Verantwortungsübernahme des Täters zielt. Daher ist unausweilich, die Begriffserklärung über die symbolische Wiedergutmachung an die Auffassung des Alternativ-Entwurfes Wiedergutmachung (AE-WGM) anzuknüpfen, der im 1992 eine umfangreiche Idee der strafrechtlichen Wiedergutmachung entwickelt hat.

Die §§ 1 und 2 AE-WGM [4] enthalten einen Ansatz zur Begriffserklärung, wonach sich die Wiedergutmachung und deren Leistungen inhaltlich auszeichnen: Wiedergutmachung ist danach der Ausgleich der Folgen der Tat durch eine freiwillige Leistung des Täters. Demgegenüber ist im §1 Abs. 1 S. 3 AE-WGM der Anwendungsbereich der symbolischen Wiedergutmachung geregelt [5]: „Die Wiedergutmachung soll in erster Linie zugunsten

3 Frehsee 1987.; Frühauf 1988.; Baumann u.a. 1992; Brauns 1996.

4 Baumann u.a. 1992.

5 Noch eine weitere ausdrückliche Erwähnung der symbolischen Wiedergutmachung findet sich im SPD-Entwurf, der anlässlich der Gesetzgebung zu § 46a StGB vorgelegt wurde. Nach § 24a des damaligen SPD-Entwurfs gibt es zwei verschiedene Arten

des Verletzten erfolgen; wenn dies nicht möglich ist, keinen Erfolg verspricht oder für sich allein nicht ausreicht, so kommt Wiedergutmachung auch gegenüber der Allgemeinheit in Betracht (symbolische Wiedergutmachung)".

Soweit der Begriff der strafrechtlichen Wiedergutmachung jedoch vom konstruktiven Ausgleich der Tatfolgen ausgeht, ist festzustellen, dass auch die symbolische Wiedergutmachung der Begriffsbestimmung der Wiedergutmachung zu entsprechen hat. Hiernach ist die symbolische Wiedergutmachung definiert als „Ausgleich der Folgen der Tat durch eine freiwillige symbolische Leistung des Täters". Entscheidende Merkmale für die symbolische Wiedergutmachung sind „Tatfolgen" und „freiwillige Leistungeerbringung". Dabei zählen zu dem Merkmal „Tatfolgen" nicht nur die materiellen Folgen einer Straftat, die durch die Verletzung eines Individualrechtsgutes entstanden sind, sondern auch die immateriellen und abstrakten Schäden, die bezüglich der Gemeinschaftsrechtsgüter häufig bei opferlosen Delikten entstehen. Der Tatfolgenausgleich darf nicht von der Unterscheidung des geschützten Rechtsgutes oder dem Vorhandensein eines Opfers abhängig gemacht werden. Bei einer normativen Betrachtung können auch die abstrakten Folgen der Tat für die strafrechtliche Wiedergutachung relevant sein.

1.2. Leistungen zur symbolischen Wiedergutmachung

Trotz der groben Begriffsbestimmung der symbolischen Wiedergutmachung bleibt unterdessen immer noch unklar, durch welche Leistung die Tat bzw. Tatfolgen in symbolischer Weise wiedergutgemacht werden können. Damit sind die Leistungen mit dem Begriff der symbolischen Wiedergutmachung strikt verbunden. Dabei sollen die reine Wiedergutmachungsleistung und die symbolische Wiedergutmachungsleistung voneinander unterschieden werden: Nach AE-WGM soll die Wiedergutmachungsleis-

der strafrechtlichen Wiedergutmachung: einerseits opferbezogene Wiedergutmachung durch Schadensersatz oder Arbeiten für das Opfer, andererseits symbolische Wiedergutmachung durch Geldzahlung an gemeinnützige Einrichtungen oder Verrichtung gemeinnütziger Arbeit. Doch ist dieser Begriff der symbolischen Wiedergutmachung damit zu eng, da nur materielle Formen der Wiedergutmachung (z.B. gemeinnützige Arbeit) als symbolische Leistungen anerkannt werden. Vgl. zum SPD-Entwurf, Bundestagsdrucksache 12/6141.; Vgl. eingehend zur Gesetzesinitiative der SPD, J. Meyer 1996, S. 640-646.; zur Kritik am SPD-Entwurf, Kaiser 1994, S. 316-319.

tung in dem Fall erbracht werden, in dem bei Straftaten mit vorhandenem Opfer ein materieller oder immaterieller Schaden entstanden ist. Zu den Leistungen der Schadenswiedergutmachung gehören also eine restitutive Ausgleichsvariante, wie z.B. Schadensersatz, Schmerzensgeld. Jedoch sind zur Wiederherstellung des Rechtsfriedens die Leistungsformen nicht nur auf Schadenskompensation begrenzt. Zum Inhalt der freiwillig Verantwortung übernehmenden Bemühung des Täters gehört auch die symbolische Wiedergutmachungsleistung. Sie stellt eine konstruktive Form dar, in der der Täter in nicht finanzieller Weise an das Opfer und/oder in materieller Weise an die Gesellschaft leistet. Die Leistung kann immateriell (Entschuldigung, Versöhnungsgespräch), materiell (Geldzahlung an eine gemeinnützige Einrichtung) oder durch Arbeitsleistung (gemeinnützige Arbeit) erbracht werden (§ 2 Abs. 1 Nr. 3-5 AE-WGM). Der strafrechtliche Charakter symbolischer Wiedergutmachungsleistungen wird dadurch bezeichnet, dass sie über die reine Kompensation des Schadens hinausgehen.

Durch die Anerkennung der Universalität der einzelnen Leistungen hat der AE-WGM eine Vielzahl von Möglichkeiten eröffnet, einen präventiven Tatfolgenausgleich und zudem Entkriminalisierung zu erreichen. Jedoch fehlt es m.E. bei ihm an einer noch umfassenden Möglichkeit, den am Einzelfall gefassten Rechtsfolgenkatalog auszugestalten, wie unten aufgezeigt wird.

1.2.1. Opferbezogene Leistungen zur symbolischen Wiedergutmachung

Bei der bisherigen Diskussion über die opferbezogene Wiedergutmachung geht es um das Umleitungsmodell, in dem eine symbolische Wiedergutmachung des Täters nur dann möglich ist, wenn eine direkte bzw. reine Schadenswiedergutmachung nicht möglich ist. Hiernach hat die symbolische Wiedergutmachung bei Straftaten mit vorhandenem Opfer keine eigenständige Bedeutung. Die opferbezogene Leistungen zur symbolischen Wiedergutmachung erlangen jedoch im Verfahren des Täter-Opfer-Ausgleichs eigenständige Bedeutung. Bei der freiwilligen Wiedergutmachung ist nicht ausgeschlossen, dass sich der Täter und das Opfer über die Leistungsformen einigen können. In einem Vorgang der Auseinandersetzung zwischen den Beteiligten mit der Tat und Tatfolgen ist es möglich, dass durch eine subjektiv für beide Betroffenen konfliktabschließende Vereinbarung die

Tatfolgen in symbolischer Form ausgeglichen werden [6]. Die Zulässigkeit der symbolischen Wiedergutmachung bei Straftaten mit vorhandenem Opfer ergibt sich daraus, dass es bei dem konstruktiven Tatfolgenausgleich nicht ausschließlich auf die materielle Leistungsform ankommt, sondern darauf, ob auch durch die nicht finanzielle Leistung das Opfer befriedigt werden kann. Die opferbezogene Leistungsformen der symbolischen Wiedergutmachung sind vielfältig denkbar: Beispielsweise kommen als Leistung in der Regel materielle oder immaterielle Leistungen wie Geschenke, Dienstleistung zugunsten des Opfers oder Entschuldigung, Einladung zum Essen usw. in Betracht. Diese Leistungsformen richten sich vor allem auf die Beseitigung oder Minderung der psychologischen Belastung beim Opfer aus. Durch die Anerkennung der symbolischen Wiedergutmachung im Sanktionensystem wird ein breiter Spielraum für die Bedürfnisse des Opfers und die Fähigkeiten des Täters gegeben, um eine sozialkonstruktive Konfliktlösung zu ermöglichen. Im Modellprojekt hat sich auch gezeigt, dass die symbolischen Formen des Ausgleichs eine wichtige Rolle gespielt haben, und dass die bloße finanzielle Abwicklung der Schäden nicht ausschließlich im Vordergrund stand [7].

1.2.2. Gemeinschaftsbezogene Leistungen zur symbolischen Wiedergutmachung

Es gibt auch Formen der Leistung zur symbolischen Wiedergutmachung mit Gemeinschaftsbezug. Allgemein anerkannte Formen der gemeinschaftsorientierten Leistungen sind beispielsweise die gemeinnützige Arbeit, Geldbeitrag an öffentliche Einrichtungen, deren Empfänger ausschließlich die Allgemeinheit als ganze ist.

Der Tatfolgenausgleich durch gemeinschaftsbezogene Leistungserbringung kann sich aus der freiwilligen Vereinbarung zwischen Täter und Opfer im Ausgleichsverfahren ergeben. So kann der Täter eine gemeinnützige Arbeitsleistung erbringen, wenn sich die Beteiligten damit einverstanden erklärt haben. Zum anderen können die gemeinschaftsorientierten Leistungen auf Fälle angewandt werden, in denen auf einen persönlichen Ausgleich

6 Rössner/Klaus 1998, S. 51.; Bundesministerium der Justiz 1998, S. 16. dagegen Schönke/ Schröder/ Stree 1997, § 46a Rdnr. 3.; auch Lackner/Kühl 1997, § 46a Rdnr. 2.

7 Vgl. dazu Kuhn/Rössner 1987, S. 270; Rössner 1993_a, S. 124.; Hartmann/Stroezel 1998, S. 186 f. und (dort Tabelle 36).

abgestellte materielle oder immaterielle Wiedergutmachung nicht möglich ist. Hierzu zählen eine Reihe von Fallkonstellationen, die unter Berufung auf die Formulierung von § 1 Abs. 1 S. 3 AE-WGM grob aufgezählt werden können: „Die symbolische Wiedergutmachung gegenüber der Allgemeinheit soll in Fällen in Betracht kommen, in denen eine opferbezogene materielle Wiedergutmachung nicht möglich ist, keinen Erfolg verspricht oder für sich allein nicht ausreicht". Die Anwendung der symbolischen Wiedergutmachung in solchen Fällen ergibt sich vor allem aus dem Gleichbehandlungsgebot, dass auch dem wiedergutmachungswilligen Täter die Chance eingeräumt werden soll, gegenüber der Gemeinschaft freiwillig die Ersatzleistung zur konstruktiven Tatverarbeitung zu erbringen.

1.2.3. Symbolische Wiedergutmachung durch selbstresozialisierende Leistung

Hinsichtlich der Leistungen zur symbolischen Wiedergutmachung stellt sich die Frage, ob auch eine nicht unmittelbar mit dem Opferbezug zusammenhängende Leistung als symbolische Wiedergutmachungsleistung angesehen werden soll. Nach der Auffassung des AE-WGM [8] soll die Wiedergutmachung auf das konkrete Opfer bezogen sein, wobei die Opferbezogenheit der Leistung ein Leitprinzip der strafrechtlichen Wiedergutmachung darstellt. Demnach kommen die Leistungsformen ohne unmittelbaren Opferbezug, wie freiwillige Selbstresozialisierungsmaßnahmen (z.B. freiwillige Teilnahme an einer Beratung, Therapie statt Strafe), nicht als Leistung zur symbolischen Wiedergutmachung in Betracht, die die Bestrafung entbehrlich machen kann. Ein weitergehender Grund für die Verneinung des Wiedergutmachungscharakters solcher Leistungen ist, dass es hier ausschließlich um Zwecke gehe, die bereits im Rahmen der geltenden Sanktionen verwirklicht werden sollen [9].

Für die Einbeziehung solcher Leistungen in den Begriff der strafrechtlichen Wiedergutmachung soll in erster Linie unter dem Gesichtspunkt des Ziels und Zwecks der Wiedergutmachung eingegangen werden: Die selbstresozialisierenden Leistungen beziehen sich zwar nicht auf die Folgen der Tat, sondern es handelt sich um die Beseitigung der Ursachen einer Straftat. Jedoch orientiert sich das Ziel der strafrechtlichen Wiedergutmachung nicht

8 Vgl. mit weiteren Beispiele Schöch 1990, S. 80.; Baumann u.a. 1992, S. 47.
9 Baumann u.a., 1992, S. 47.

am schlichten Ausgleich der Tatfolgen an sich, sondern vielmehr am Opferscutz und der Prävention durch autonome Verantwortungsübernahme des Täters. Wenn aber bei Straftaten mit vorhandenem Opfer durch eine freiwillige Leistung des Täters dem Opferinteresse besser gedient werden kann, als durch eine materielle Schadenswiedergutmachung, soll sie in das system der strafrechtlichen Wiedergutmachung mit einbezogen werden. Beispielsweise kann die Beratungsleistung, die zur Verarbeitung einer geringfügigen oder mittelschweren Gewaltstraftaten im Bereich enger sozialer Verbundenheit geeignet ist, als eine symbolische Wiedergutmachungsleistung in Betracht kommen, um damit den durch die Straftat entstandenen Konflikt zwischen Täter und Opfer besser zu regulieren bzw. den gestörten Rechtsfrieden wiederherzustellen. Sanktionsrechtlich gesehen kann solche Leistung aber auch zumindest einem Teil der in der Person des Täters liegenden Ursachen einer Straftat entgegenwirken, so daß sie der individualorientierten Prävention dienen kann.

Anders als Straftaten mit vorhandenem Opfer lässt es sich bei opferlosen Straftaten von vornherein kein konkreter Opferbezug finden. Für Frage nach Opferniteresse bleibt hier kein Raum. Bei opferlosen Straftaten kommt lediglich die Frage nach einer Strategie der bestmöglichen Tatbewältigung in Frage. Sofern durch eine freiwillie Ausgleichsleistung noch bessere Möglichkeit geschaffen werden kann, die Verhaltensorientierung des Täters zu ermöglichen, sollte sie in das strafrechtliche Wiedergutmachungssystem integriert werden. So kann beispielsweise der Verkehrstäter seine Tat dadurch in symbolischer Weise wiedergutmachen, indem er freiwillig auf seinen Führerschein verzichtet. Dies gilt auch für die Straftaten im Bereich der Rauschgiftkriminalität, indem der Abhängige an Selbsthilfegruppen oder einer ambulanten Entziehungskur teilnimmt. Die Selbsresozialisierungsleistungen auf Basis der Freiwilligkeit des Täters können dann zudem weder in die Kategorie der Strafe und Maßregeln noch in die Kategorie der direkt gegenüber dem Opfer zu erbringende Wiedergutmachung eingeordnet werden, weshalb sie hier symbolische Wiedergutmachung genannt werden sollen. Eine solche symbolische Wiedergutmachung kann damit flexibel dem Erfordernis des Einzelfalls angepasst werden und zugleich zur effektiven Entkriminalisierung führen.

1.2.4. Grenze der Leistungszulässigkeit

Dass die Formen der symbolischen Wiedergutmachungsleistung universal sein sollen, bedeutet allerdings nicht, dass jede beliebige Form als symbolische Leistung anerkannt werden darf. Dem Katalog der symbolischen Wiedergutmachungsleistungen soll eine Grenze gesetzt werden, wobei für die Zulässigkeit die „heutigen Wertvorstellungen“[10] maßgeblich sein sollen. Dazu gehören Tabus, Sittenwidrigkeit usw., die als Grenze der symbolischen Leistung angesehen werden müssen.

In diesem Zusammenhang taucht ein Grenzfall zwischen der zulässigen und unzulässigen Wiedergutmachungsleistung auf, ob eine „Organspende“ als zulässige symbolische Leistungsform in Betracht kommen darf[11]. Hier ist m.E. eine differenzierende Betrachtung nötig: Eine Organspende des Täters, wie z.B. eine Niere oder die Hornhaut eines Auges, darf bei Straftaten mit vorhandenem Opfer nicht zulässig sein, da ansonsten die Gefahr besteht, die Persönlichkeit des Täters beeinträchtigt wird. Ferner könnte es zum Missbrauch kommen, wenn die Organspende zulässig wäre. Dagegen könnte sie bei Straftaten mit vorhandenem Opfer als zulässige Leistungsform anerkannt werden. So kann es passieren, dass im Fall der Augenverletzung der Täter zugunsten des durch die Tat unmittelbar betroffenen Opfers Hornhaut freiwillig spendet. In diesem Fall könnte die zwischen Täter und Opfer vereinbarte Spende als rechtsfolgenrelevante Wiedergutmachungsleistung in Betracht kommen.

1.3. Symbolische Wiedergutmachung und die mit ihr eng verbundenen Institute

Zu den Komponenten der gesamten Tatwiedergutmachung gehören neben der symbolischen Wiedergutmachung auch die ihr ähnlichen Varianten, die der Wiederherstellung des gestörten Rechtsfriedens dienen, nämlich Schadenswiedergutmachung und Täter-Opfer-Ausgleich. Die symbolische Wiedergutmachung ist in ihrem Anwendungsbereich untrennbar mit diesen anderen Instituten verknüpft. Um die Rechtsnatur der symbolischen Wiedergutmachung gegenüber diesen anderen Varianten der Tatwiedergutma-

---

10 Baumann u.a. 1992, S. 48

11 Verneinend Schöch 1988, S. 461.; Baumann u.a. 1992, S. 42.; auch Rixen 1994, S. 217.

chung abzugrenzen, ist deshalb hier von Bedeutung, die einzelnen Varianten zu skizzieren.

1.3.1. Schadenswiedergutmachung im engen Sinne

Wiedergutmachung wird häufig als Synonym mit der bloßen Schadenswiedergutmachung im engen Sinne verwendet, deren Begriff zivilrechtlich geprägt ist. Diese Form der Wiedergutmachung ist in einigen strafrechtlichen Bestimmungen [12] und auch in § 2 Nr. 1 AE-WGM (Schadensersatz gegenüber dem Verletzten und Schadensersatz gegenüber Dritte) ausdrücklich erwähnt. Nach dieser engen Auffassung beschränkt sich die Wiedergutmachung auf Schadensersatzleistungen, führt aber zu dem untragbaren Ergebnis, dass damit strafrechtliches und zivilrechtliches Unrecht einander gleichgestellt werden [13], und letztlich zur Bedeutungslosigkeit der Wiedergutmachungsidee, die auf einen personalen Ausgleich zwischen Täter und Opfer abstellt [14]: Soweit allein Schadensersatz an die Stelle der Strafe tritt, kann dies den Interessen des Opfers genügen. Zur besseren Einsicht des Täters in die Tatschuld und dem Ziel effektiver Resozialisierung ist damit aber wenig beigetragen. Dies bedeutet, dass allein Schadenswiedergutmachung nicht hinreichende Bedingung für strafrechtliche Konfliktverarbeitung sein kann. Die Wiedergutmachung der durch die Tat verursachten Schäden verhilft also nur zur Beseitigung des Erfolgsunwerts. Damit bleibt für den Tatfolgenausgleich noch die weitere Aufgabe, durch den Täter-Opfer-Ausgleich den Handlungsunwert zu beseitigen.

1.3.2. Täter-Opfer-Ausgleich

Eine Wiedergutmachung kann danach nur dann strafrechtliche Bedeutung erlangen, wenn sie auf der Grundlage des Täter-Opfer-Ausgleichs geleistet wird. Der Täter-Opfer-Ausgleich bietet eine klare Basis für die Verwirklichung ideellen Tatfolgenausgleichs. Dabei handelt es sich um den Prozess der Konfliktbewältigung, bei welchem es zu einer direkten Interaktion zwischen den Beteiligten kommen kann. Demnach lässt er sich definieren als ein Verfahren für den Umgang mit Straftaten, bei dem Täter und Opfer mit Hilfe eines Vermittlers oder ohne Vermittlung aktiv das Ergebnis mit-

---

12 §§ 46 Abs. 2., 46a. Nr. 2., 56b Abs. 2., 57 Abs. 3., 59a Abs. 2 StGB.; § 153a StPO.
13 Frühauf 1988, S. 122.
14 Baumann u.a. 1992, S. 20 f., 58.; auch Schöch 1993, S. 369.; Rössner 1995, S. 174.

bestimmen und eine Klärung gegenseitiger Erwartungen und Befindlichkeiten erreichen können [15]. Er will den abstrakten Konflikt zwischen dem Täter und der Rechtsordnung in einen zwischenmenschlichen Konflikt zurückübersetzen. Konkret erscheint er in seinem Verfahren in folgender Gestalt: das Aufeinanderzugehen derjenigen Personen, die an der Straftat beteiligt waren, die Konfrontation des Täters mit dem Opferleiden, die Anerkennung der Schuld durch den Täter, das miteinander Vergleichen und – im Idealfall – die beiderseitige Versöhnung [16]. Durch die konfliktregulierende Konfrontation zwischen den Betroffenen trägt der Täter-Opfer-Ausgleich zur Wiederherstellung des gestörten Rechtsfriedens in wesentlicher Weise bei, und ist somit eine unabdingbare Voraussetzung für die Wiedergutmachung der Tat.

1.4. Symbolische Wiedergutmachung als Derivat der Tatwiedergutmachung

Zur sozialkonstruktiven Aufarbeitung der Tat zählen der Form nach sowohl bloße Schadenswiedergutmachung in Form von Geldersatz als auch symbolische Wiedergutmachung durch immaterielle, selbstresozialisierende und gemeinnützige Leistungen. Gemeinsamer Nenner zwischen diesen Leistungsvarianten ist, dass sie als die symbolischen Gesten der „freiwilligen Verantwortungsübernahme" gegenüber begangener Tat zum Ausdruck kommen. Um aber die verschiedenen Varianten unter einem Sammelbegriff zusammenzufassen, ist m.E. der Begriff der „Tatwiedergutmachung" geeignet, dessen Terminologie man nunmehr im § 46a Nr. 1 StGB findet. Allerdings beschränkt sich die Terminologie „Wiedergutmachung der Tat" bzw. „Tatwiedergutmachung" im Sinne von § 46a Nr. 1 StGB nur auf einen Tatfolgenausgleich bei Straftaten mit vorhandenem Opfer. Diese umfassende Begriffsfigur kann jedoch auch beim Ausgleich bei opferlosen Straftaten verwendet werden, da der Weg der konstruktiven Tatfolgenbeseitigung nicht davon abhängig gemacht werden darf, ob ein Opfer vorhanden ist. Mit diesem umfassenden Begriffsverständnis lässt sich beweisen, dass es dem Täter auf die konstruktive Beseitigung der Tatfolgen ankommt, nicht aber auf einzelne Leistungsformen.

---

15 Trenczek 1992, S. 130 f.; AK-StPO-Rössner 1996, vor §§ 374-406h, Rdnr. 4.; Meier 1996, S. 437.

16 Rössner/Wulf 1984, S. 3.; Frehsee 1987, S. 10 f.; Kilchling 1996, S. 310.; Meier 1996, S. 437.

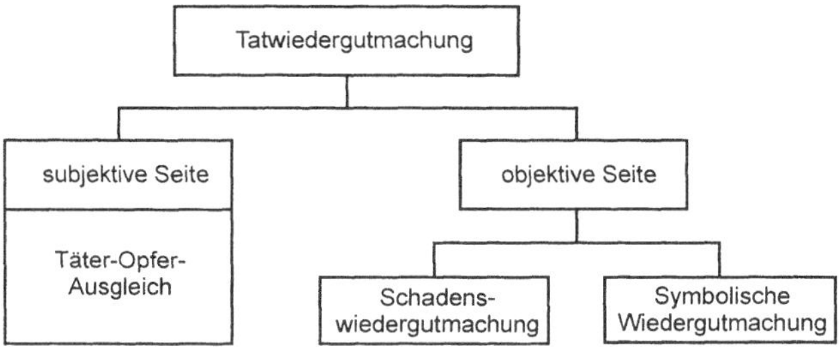

Für eine sozialkonstruktive Tatwiedergutmachung soll stark betont werden, dass die Einbeziehung der symbolischen Wiedergutmachung in das strafrechtliche Sanktionensystem universale Anwendung der Tatwiedergutmachung auf alle Delikte ermöglicht, obschon Schwerpunkt der strafrechtlichen Wiedergutmachung bei unterer und mittlerer Kriminalität und bei Delikten mit personalem Bezug liegt. Durch symbolische Wiedergutmachung, die auf freiwilliger Basis erbracht wird, erweitert sich also die Palette der Reaktionsmöglichkeiten. Der Täter kann freiwillig gegenüber dem Opfer oder im Fall der opferlosen Delikte gegenüber der Gemeinschaft seine Verantwortung zeigen, wodurch ein Befriedungseffekt in der Rechtsgemeinschaft eintritt. Die symbolische Wiedergutmachung vor allem bei opferlosen Straftaten wird als ein über den effektiven Opferschutz hinausgehendes, angemessenes Mittel der Entkriminalisierung angesehen.

1.5. Verhältnis zwischen symbolischer und direkter Wiedergutmachung

Beide Wiedergutmachungsformen verknüpfen sich zwar im konkreten Ausgleichsverfahen eng miteinander, sind aber voneinander abzugrenzen, da die beiden eine eigene Bedeutung im strafrechtlichen Sanktionensystem haben.

1.5.1. Verschränkung direkter und symbolischer Wiedergutmachung

Innerhalb der Tatwiedergutmachung sind die symbolische und direkte Wiedergutmachung von ihrer Funktion her miteinander eng verbunden. Bei Straftaten mit vorhandenem Opfer erbringt der Täter im Ausgleichsverfahren in der Regel neben einer materiellen Schadenswiedergutmachung auch eine immaterielle symbolische Leistung wie eine Entschuldigung. Ohne die symbolische Wiedergutmachung ist eine faktische Versöhnung zwischen Täter und Opfer nicht zu erreichen. Die Notwendigkeit einer parallelen Anwendung der materiellen und symbolischen Wiedergutmachung ergibt sich vor allem aus der Tatsache, dass eine Straftat nicht bloß mit einem materiellen Tatschaden zu tun hat, sondern eine Komplexität darstellt, die auch mit immateriellen Verlusten wie Ängsten und Ärger im unmittelbaren Zusammenhang steht. Insofern dienen die beiden Formen der Wiedergutmachung der Wiederherstellung des Rechtsfriedens in gleichem Maße, und beide sind ineinander verschränkt [17].

1.5.2. Subsidiarität der symbolischen Wiedergutmachung gegenüber direkter Wiedergutmachung

Obwohl der konstruktive Tatfolgenausgleich sich nicht in der finanziellen Schadensabwicklung erschöpft, bildet sie doch ein Rückgrat der strafrechtlichen Tatwiedergutmachung. Die Bedeutsamkeit der materiellen Wiedergutmachung für das Opfer wird von verschiedenen Opferbefragungen belegt. Diese Befragungen haben ergeben, dass Opfer nicht vor allem Rachegedanken und Strafvorstellungen haben, sondern vorwiegend daran interessiert sind, dass die durch die Tat entstandenen Schäden ersetzt werden[18].

Da sich aber der strafrechtliche Tatfolgenausgleich dem Opferschutzgedanken entsprechend an der Interessenwahrnehmung des Opfers orientieren muss, soll zwischen materieller und symbolischer Wiedergutmachung eine klare Priorität gesetzt werden: Denn ansonsten kann die Gefahr bestehen, dass der Täter beim persönlichen Tatfolgenausgleich auf die symbolische Wiedergutmachung ausweichen würde, um kompliziertere Ausgleichsverhandlungen mit dem Opfer zu vermeiden.

Ferner soll durch Priorität der materiellen Schadenswiedergutmachung verhindert werden, dass die Strafjustiz die symbolische Wiedergutmachung aufgrund der relativ einfachen Handhabung ohne Rücksicht auf die Opferinteressen beliebig für die Tatverarbeitung einsetzt [19]. Diese Gefahr wird deutlich, wenn man die bisherige Handhabung des § 153a StPO betrachtet,

---

17 Baumann u.a. 1992, S. 33.

18 Vgl. zur Zusammenfassung der Ergebnisse der empirischen Opferbefragungen, Löschnig-Gspandl 1996, S. 33-70.

19 Rössner 1994, S. 207.

wo die Staatsanwaltschaft dem Beschuldigten in aller Regel gemeinnützige Arbeit oder Geldbetrag an Staatskasse als Auflage auferlegt, um die Akten möglichst schnell und reibungslos zu schließen [20]. Dabei führt die Auflage der Schadenswiedergutmachung mit nur 1 % der Fälle ein Schattendasein [21]. Um die Wiedergutmachung als ein opferbezogenes Instrument zu begründen, sollte daher die symbolische Wiedergutmachung nur subsidiär gegenüber unmittelbarem Tatfolgenausgleich angewendet werden. Aus dieser Subsidiarität ergibt schließlich, dass sie bei Straftaten mit vorhandenem Opfer nur beim Versagen des persönlichen Ausgleichs Anwendung finden darf. Vor allem soll sich ihre Anwendung auf Fälle beschränken, in denen eine Wiedergutmachung zugunsten des Opfers nicht möglich ist, keinen Erfolg verspricht oder für sich allein nicht ausreicht.

1.5.3. Symbolische Wiedergutmachung als „aliud“ zum zivilrechtlichen Schadensersatz

Die strafrechtliche Wiedergutmachung, die auf den materiellen und ideellen Ausgleich des durch die Tat erlittenen Schadens gerichtet sind, weist Elemente des zivilrechtlichen Schadensersatzes auf. Gegen die restitutive Natur der materiellen Wiedergutmachung wird jedoch der Einwand erhoben, dass die auf den Schadensersatz beschränkte Wiedergutmachung nicht an die Stelle der Strafe treten könne, wenn nur das ohnehin Geschuldete geleistet werde [22]. Der Befriedigungsanspruch des Strafrechts beschränke sich auf den Bereich des Strafanspruchs, Entschädigung betreffe dagegen die friedensstiftende Funktion des zivilen Deliktsrechts. Dieser Auffassung ist allerdings entgegenzuhalten, dass auch der zivilrechtliche Schadensersatz in ganz beträchtlichem Maße schon eigene pönale Funktionen beinhaltet. Es ist von Literatur [23] und Rechtsprechung [24] angenommen worden, dass die übelzufügende Genugtuungsnatur zu den Funktionen des Schmerzensgeldes (§ 847 BGB) gehört. Diese Argumente zeigen deutlich, dass sich ein Instrument der Sozialkontrolle nicht auf Freiheitsentzug oder Geldstrafe im herkömmlichen Sinne beschränken darf, sondern diejenigen Instrumente nutzen muss, die zur (strafrechtlichen) Sozialkontrolle geeignet und dienlich sind.

20 Dazu Lilie 1987, S. 60
21 Dazu Schöch 1992, S. 57 und (dort FN. 26.)
22 Vor allem Hirsch 1990, S. 543 f.
23 Frehsee 1987, S. 45 f.; auch Kern 1991, S. 253-256.
24 BGHZ 18, 149 (151).; BGHZ 35, 363 (369).

Wenn man darüber hinaus von einem weiten Verständnis zur Tatwiedergutmachung einschließlich der symbolischen Wiedergutmachung ausgeht, kann sie von dem rein restitutiven Schadensersatz klar unterschieden werden, da die symbolische Wiedergutmachung keine Entschädigung des Opfers in Geld vornehmen will. Ihr kommt also ohne weiteres die Funktion einer strafrechtlich konstruktiven Sanktion, allerdings nicht herkömmlicher Zwangssanktion, zu. Anders als bei materiellem Schadensersatz geht es bei der symbolischen Wiedergutmachung zudem darum, dass der Täter im Ausgleichsverfahren neben dem materiellen Schadensersatz die immaterielle symbolische Leistung erbringt, in der die über die bloße Schadensregulierung hinausgehende, eigenständige Relevanz für die konstruktive Tatverarbeitung steckt. Diese Leistung beinhaltet die Missbilligung der Tat, den Appell an die soziale Verantwortung und die aktive Anerkennung der Norm durch den Täter. Sie enthält somit einen positiven Wert, zu dessen Erbringung der Täter zivilrechtlich nicht verpflichtet werden kann. In diesem Sinne wird die symbolische Wiedergutmachung als ein „aliud“ gegenüber der bloßen Verurteilung zum Schadensersatz bei strafrechtlichem Reaktionsverzicht angesehen.

2. Kriminalprävention im System der Sozialkontrolle

Die Entwicklung des Sanktionsrechts in der Bundesrepublik hat seit Nachkriegszeit allmählich den Weg beschritten, die Freiheitsstrafe immer mehr zurückzudrängen und damit das Risiko eines Rückfalls des Täters zu vermeiden. Diese Zielsetzung des Strafrechts ist jedoch bislang nicht in wünschenswertem Maße durchgesetzt worden. Daher soll hier aufgezeigt werden, unter welchen Gesichtspunkten es zu rechtfertigen ist, die symbolische Wiedergutmachung als eine neue konstruktive Reaktionsform in das strafrechtliche Sanktionensystem einzubeziehen.

2.1. Soziale Kontrolle im Strafrecht

Kriminalprävention im kriminologischen Sinne stellt die Gesamtheit aller staatlichen und privaten Bemühungen zur Verhütung von Straftaten dar [25]. Die kriminalpräventiven Ansätze lassen sich anhand von sozialer Kontrolle noch genauer erläutern. Der über den Bereich des Strafrechts weit hinausweisende Begriff der Sozialkontrolle ermöglicht es, die gesellschaftliche Reaktion auf das sozial unerwünschte Verhalten in drei Richtungen zu erweitern: erstens gibt er zu erkennen, dass es bei den Instrumentarien der sozialen Kontrolle neben dem formellen Strafrecht auch informelle Reaktionsmöglichkeiten gibt; zweitens ist bei der sozialen Kontrolle eine Reaktion gegenüber der Tat ein wichtigerer Ansatzpunkt als die Reaktion gegenüber dem Täter. Schließlich kann sie ein eindimensionales Verhältnis zwischen dem Täter und dem Staat in ein flächendeckendes Verhältnis zwischen Täter, Opfer und Gesellschaft bringen.

2.1.1. Begriff der sozialen Kontrolle

Setzt man sich mit der sozialen Kontrolle auseinander, so ist zunächst auf den Begriff der Sozialisation einzugehen. Sozialisation bezeichnet den Vorgang, in dem der Mensch die Normen, Werte, Überzeugungen und Orientierungen der Gruppe, der er angehört, erlernt. Der Sozialisationsvorgang wird unterstützt von der sozialen Kontrolle. Unter Sozialkontrolle versteht man alle staatlichen und gesellschaftlichen Einrichtungen, Strategien und

---

25 Kaiser 1993, S. 137.

Sanktionen, welche die Verhaltenskonformität im strafrechtlich geschützten Normbereich bezwecken [26].

Mit dem Begriff der sozialen Reaktion wird das Konzept der sozialen Kontrolle noch weiter präzisiert. Die soziale Reaktion bezeichnet den Tatbestand, dass eine Gruppe oder Gesellschaft unerwünschte Abweichung bzw. Normverstöße nicht folgenlos hinnimmt [27]. Die Instrumentarien zur Sozialkontrolle reichen von subtilen Signalen der Missbilligung bis zu nachdrücklichen Formen des offenen und öffentlichen Tadels, von relativ informellen und willkürlichen Formen der Reaktion bis zu detailliert festgelegten und formalisierten negativen Sanktionen. Mit der Sanktion kann zum einen die Wiederherstellung der Normkonformität oder auch die Ausgrenzung des Abweichlers beabsichtigt und vielleicht bewirkt werden. Dabei kann die Sanktion als eine Gesamtheit von Mitteln zur Sozialkontrolle verstanden werden, die der Verhaltensorientierung des Normabweichlers dient. Ein allgemeines Mittel zur Verhaltensorientierung ist die negative Sanktion, wie Strafe, die als entscheidendes Instrument der Kontrollmaßnahme angesehen werden kann. Die negativen Sanktionen haben jedoch zwei „Wirkungsdimensionen“: zum einen verringern sie die soziale Teilnahmechance des Sanktionierten und zum anderen werten sie den Sanktionierten ab, diskreditieren und degradieren ihn [28]. Auf der anderen Seite spielen im strafbaren Bereich die nicht negativen Sanktionsformen, wie Wiedergutmachung, eine wichtige Rolle für die Verringerung der Stigmatisierung.

2.1.2. Formelle und informelle Sozialkontrolle

Externe Verhaltenskontrolle unterteilt sich in formelle und informelle Sozialkontrolle. Formell nennt man die soziale Kontrolle, wenn sie von öffentlichen Instanzen ausgeübt wird, also z.B. von der Polizei, von Verfolgungsorganen oder in Strafanstalten etc. Ihre Mittel sind vielfältig, doch letztlich steht immer die Strafgewalt dahinter. „Informelle“ Sozialkontrolle meint demgegenüber, dass eine Sozialkontrolle außerhalb des Staats oder der staatlichen Organen durchgeführt wird. Daher sind Träger der informellen Sozialkontrolle Familie, Verwandtschaft, Freundeskreis, Schule,

26 Kaiser 1996, S. 219.
27 Sack 1993, S. 418.
28 Peters 1995, S. 132.

Gemeinde usw. Sie spielen in Gesellschaft eine derart herausragende Rolle, dass sie das Netzwerk sozialer Kontrolle weithin konstituieren [29]. Die informelle Sozialkontrolle ist jedoch allmählich im Rückgang begriffen. Gründe dafür sind auf verschiedene Aspekte zurückzuführen: auf Lockerung der nachbarlichen Beziehungen unter dem Vorgang der Verstädterung, Veränderung der Familienstruktur mit dem Übergang von der Groß- zur Kleinfamilie und damit einhergehende mangelnde Erziehungsmöglichkeiten [30]. Erst in den 70er Jahren ging das Bestreben dahin, statt staatlicher Sanktionsverfahren wieder gesellschaftliche Konfliktlösungsformen zu reetablieren [31].

2.1.3. Ergänzung der formellen Kontrolle durch informelle Kontrolle

Um soziale Ordnung aufrechtzuerhalten einerseits und Stigmatisierung zu vermeiden andererseits, ist die informelle Kontrolle nicht weniger wichtig als die formelle. Beide Formen der Sozialkontrolle sollen sich in vielfältiger Weise gegenseitig entlasten und ergänzen. Dies kann mit*Zipf* [32] deutlich gemacht werden: „wo aus der informellen Sozialkontrolle stammende Regelungsmechanismen wirksam sind, ist das Recht weithin entlastet, wo dagegen die informelle Sozialkontrolle ausfällt, beobachten wir häufig eine Überlastung der formellen Sozialkontrolle". Die fortlaufende Festsetzung von Rechtsnormen machen ein bestimmtes Verhalten des Menschen kriminell auffällig, so dass die Verlagerung von der informellen zur formellen Sozialkontrolle sich in einem Anstieg der registrierten Kriminalität auswirkt [33] und schließlich mehr und mehr zur Stigmatisierung des menschlichen Verhaltens führt.

Für Erreichung des Zieles der idealen Sozialkontrolle ist daher davon auszugehen, dass neben der überkommenen formellen Kontrollmaßnahme auch die Möglichkeit der Ausschöpfung der informellen Sozialkontrolle bei einem Konfliktfall geprüft werden muss. Denn staatliche Rechtsnormen,

29 Vgl. Kaiser 1996, S. 221-225 m.w.N.

30 Kaiser 1993, S. 188

31 Vgl. zum früher diskutierten Alternativversuch für weitere Entkriminalisierung im Bereich des Ladendiebstahls (Artz u.a. 1974), und der Betriebsjustiz (Arzt u.a. 1975); auch Rössner 1976, S. 69-82.; ders.1976$_a$, S. 141-146.; zum Gesellschaftsgericht, Eser 1993, S. 164-170.

32 Zipf 1980, S. 40.; auch Hess 1983, S. 18.

33 Rössner 1976, S. 139.; auch Zipf 1980, S. 133.

insbesondere auch Strafrechtsnormen, sind dann besonders effizient, wenn sie schon vorhandene außerrechtliche Ordnungsvorstellungen stabilisieren [34]. Diese präventive Relevanz der informellen Sozialkontrolle ist auch von einigen empirischen Untersuchungen [35] belegt worden, wobei auf dem Gebiet der konventionellen Kriminalität der moralischen Verbindlichkeit der Norm und der zu erwartenden informellen Reaktionen auf eine Verletzung das größte generalpräventive Gewicht zukommen, dagegen die Art und die Schwere der Strafe keinen Einfluss auf die Begehung von Straftaten haben.

Zusammenfassend kann hier bezüglich der gesamten Systeme der Sozialkontrolle deutlich gemacht werden, dass die Strafjustiz nur ein Träger der Sozialkontrolle ist, das Strafrecht nur ein Mittel unter den sozialen Normensystemen darstellt, der Rechtsbruch nur einen Teil allen abweichenden Verhaltens ausmacht und schließlich die Strafe nur eine von mehreren Reaktionsmöglichkeiten bildet[36]. Diese Formulierung bezieht sich auf das Subsidiaritätsprinzip, das bedeutet, dass nicht strafende Reaktionsformen grundsätzlich Vorrang vor staatlicher Intervention haben, soweit sie einem normkonformen Verhalten dienen. Beim staatlichen Strafanspruch kommt es entscheidend darauf an, dass er auf den Normbruch konsequent reagiert, aber nicht unbedingt auf die Härte der staatlichen Zwangsmaßnahmen.

2.2. Kriminalpolitische Optionsfelder in der sozialen Reaktion

Zweck der strafrechtlichen Sozialkontrolle ist heute nicht mehr die Vergeltung des vom Straftäter angerichteten Übels, sondern vielmehr die Spezial- und Generalprävention zukünftiger Straftaten, wobei Normkonformität erzielt werden soll. Um abweichendes Verhalten zu verhindern, bietet sich innerhalb der sozialen Kontrolle eine breite Palette von Maßnahmen der primären, sekundären und tertiären Prävention [37].

---

34 Zipf 1980, S. 40.

35 Schöch 1985, S. 1098-1105; Schumann 1987, S. 152, 158 f.; Streng 1991, S. 22-24.; Dölling 1990, S. 19.; Kaiser 1993, S. 143.

36 Kaiser 1996, S. 234.; auch W. Hassemer 1990, S. 318.

37 Vgl. ausführlich zur Betonung der primären und sekundären Prävention im Rahmen der kommunalen Prävention, Heinz 1996, S. 55-110.

2.2.1. Primäre, sekundäre und tertiäre Prävention

Unter primärer Prävention werden diejenigen Maßnahmen verstanden, die sich auf die Gesamtbevölkerung richten und die individuellen Entstehungsbedingungen von Kriminalität beeinflussen sollen, insbesondere durch Norm- und Wertverinnerlichung im Rahmen des familiären Sozialisationsprozesses, durch Rechtskundeunterricht in den Schulen sowie durch Schaffung kriminoresistenter Zustände, sei es in der Arbeits-, Sozial- oder Wohnungsbaupolitik, sei es in der Jugend- und Familienpolitik[38].

Die sekundäre Prävention setzt an bereits erkennbaren Risiken an und wendet sich an potentielle Täter sowie Opfer, richtet sich auf bestimmte Situationen. Als Beispiele für Maßnahme der sekundären Prävention sind die Veränderungen der Tatgelegenheitsstruktur, Warnung oder Sicherheitstraining potentieller Opfer, technische Vorkehrungen gegen potentielle Straftaten zu nennen.

Schließlich versteht man unter tertiärer Kriminalprävention die Maßnahmen, die durch spezialpräventive Sanktionierungen eine erneute Straffälligkeit des individuellen Täters verhindern oder mindern sollen. Sie bezieht sich unmittelbar auf die Sanktionsverhängung, wobei es sich um die strafrechtliche Rückfallbekämpfung handelt. Die Aufgabe der tertiären Prävention kommt daher in aller Regel der Staatsanwaltschaft und dem Gericht zu, die für die spezialpräventive Sanktionsverhängung zuständig sind. Zur Erreichung der tertiären Prävention haben sich in der Bundesrepublik seit der Nachkriegszeit verschiedene Sanktionsinstrumentarien entwickelt: Neben den klassischen Sanktionen wie Freiheits- und Geldstrafe sowie Maßregeln der Besserung und Sicherung reichen die Sanktionen von der folgenlosen Einstellung über Betreuungsweisungen, gemeinnützige Arbeit, schließlich Täter-Opfer-Ausgleich und Schadenwiedergutmachung bis hin zu Drogenberatung und Therapie [39]. Mit diesen Sanktionen soll auf die Betroffenen unmittelbar eingewirkt werden, um Rückfälle zu verhüten und zu vermindern.

38 Kaiser 1993, S. 135-140 und (dort Schaubild 3).; auch Heinz 1996, S. 59.
39 Kaiser 1993, S. 138.; Jehle 1996, S. 23.

2.2.2. Unzureichende Berücksichtigung tertiärer Prävention

Im Blickfeld der tertiären Prävention wurde jedoch bei der Rechtsfolgenausgestaltung besonders kritisiert, dass die strafrechtlichen Sanktionen kaum im Zusammenhang mit einzelnen Straftaten stehen. Dies wird deutlich, wenn man die bisherigen Ergebnisse der empirischen Gewaltforschung [40] anschaut: Sie stellen in der Regel die Lebenslage der in bestimmten, von erhöhter Kriminalität und Gewalttätigkeit betroffenen Gegenden Wohnenden als entscheidende Ursache für Gewalt dar. Diese Bezirke sind gekennzeichnet von wirtschaftlichem Niedergang, überdurchschnittlich hoher Arbeitslosenquote, katastrophalen Wohnverhältnissen und einem Mangel an Sozialleistungen. Die Vorschläge, die sich aus diesen Gewaltursachen ergeben und die von den Gewaltforschungen gemacht wurden, konzentrierten sich jedoch auf die Bereiche der primären und der sekundären Prävention, also auf die kulturellen, sozialen und wirtschaftlichen Entstehungsbedingungen der Gewalt sowie auf die Überzeugung, durch eine Effektivierung der Strafverfolgung und die damit verbundene Erhöhung des Misserfolgsrisikos für den Gewalttäter auf lange Sicht Gewalt reduzieren zu können [41]. Die Frage, welche strafrechtliche Reaktionsform geeignet ist, die weiteren Gewaltstraftaten zu verhindern, bleibt jedoch weitergehend ungeklärt. Durch einen Ausbau des Sanktionensystems sollte die tertiäre Prävention, die bislang vernachlässigt wurde, pointiert werden, um eine am Einzelfall angepasste Sanktionierung zu ermöglichen.

2.3. Kriminologische Vorgaben für Sanktionierung

Hinsichtlich der Möglichkeiten tertiärer Kriminalprävention gilt, dass die zur Verfügung stehenden Sanktionsmittel so breit wie möglich gefächert werden sollen, um Individualprävention zu erreichen.

2.3.1. Austauschbarkeit der Sanktionen

Die Renaissance der ambulanten Sanktion und damit die Tendenz der Entkriminalisierung beruht auf den Ergebnissen der seit Anfang der sechziger Jahre durchgeführten Rückfallforschungen, wobei sich vielfach zeigte, dass die Sanktionsmittel in einem weiten Bereich austauschbar sind und in ihrer

---

40 Vgl. dazu beispielsweise Schwind/Baumann 1990.

41 Meier 1995, S. 434.

spezialpräventiven Wirkung gleichgut oder gleichschlecht sind. Dem liegt die Feststellung zugrunde, dass bei dem Durchschnitt, dem sog. Mittelfeld der Verurteilten, ohne die prognostisch extrem günstigen oder ungünstigen Straftäter, etwa gleich große Erfolgschancen bei allen Sanktionen bestehen, nämlich etwa 60 % [42]. Diese Erkenntnis begründet die Forderung, soweit wie möglich nur die Kriminalsanktionen anzuwenden, die den Täter nicht übermäßig belasten oder gar seine bürgerliche Existenz vernichten.

Die Austauschbarkeit der Sanktionen findet sich nicht nur innerhalb der individualpräventiven Behandlungen, sondern auch im generalpräventiven Bereich und überdies im Gesamtsystem der Sozialkontrolle [43]. Diese Annahme hat dazu geführt, dass in den letzten Jahren in ungewöhnlich starkem Ausmaß die Frage nach alternativen Reaktionsformen von der kriminalpolitischen Diskussion Besitz ergriffen hat. Dazu trägt auch die strafrechtliche Wiedergutmachung bei, da sie höhere Flexibilität hat. Sie kann allein als solche oder in Form der Kombination mit der direkten Wiedergutmachung ausgestaltet werden: Sie gibt der Staatsanwaltschaft oder dem Gericht eine Möglichkeit, durch ihre Anwendung im Deliktsbereich der mittelschweren Kriminalität eine Übelzufügung für den Täter mit einer günstigen Rückfallprognose zu vermeiden. Sie besitzt somit einen wichtigen und hochrangigen Wert für die Entkriminalisierung.

2.3.2. Bereicherung der Sanktionspalette durch symbolische Wiedergutmachung

In den Straftatbeständen ist die Präventionsbedürftigkeit des Täters nicht angesprochen. Es ist schwierig für die Gerichte, eine zweckmäßige Sanktion festzustellen, da die Straftatbestände nur auf die Schuldwertung der konkreten Tat durchschlagen. Bei der präventiven Rechtsfolgenbestimmung bedarf es daher der Individualanpassung der Sanktionen, die erhebliche Freiräume für eine im Einzelfall sozial befriedigende Bewältigung von Kriminalität eröffnet. Um eine Rechtsfolge optimal am Einzelfall anpassen zu können, muss es einerseits eine ausreichende Anzahl von Rechtsfolgen und andererseits Kombinationsmöglichkeiten unter ihnen geben, die den Austausch der Sanktionen ermöglichen. Je dürftiger ein Sanktionensystem ist, desto weniger kann es die Individualanpassung verwirklichen. Die aus-

---

42 Kury 1993, S. 59 f.; Schöch 1996, S. 299.; Kaiser 1996, S.979.

43 Kaiser 1993, S. 128.

reichenden und auf den Einzelfall gerichteten Reaktionsformen ermöglichen also der Justiz einen flexibleren Umgang mit der Tat. Ein wesentlicher Beitrag hierzu kann eine symbolische Wiedergutmachung sein, die die Verengungen auf die materielle Wiedergutmachung aufgibt und den Tatbezug der symbolischen Leistungen herstellt. Diesbezüglich haben zudem neuere empirische Untersuchungen [44] gezeigt, dass die Bevölkerung bei mittelschweren Delikten durchaus geneigt ist, auch gewisse, nicht spezifische strafrechtliche Aktivitäten des Delinquenten sogar als alleinige Sanktion zu akzeptieren. Dagegen haben die herkömmlichen Geld- und Freiheitsstrafen keinen Tatbezug, und können deshalb nur ein Unwerturteil ausdrücken, das den speziellen Schutzzweck der verletzten Norm nicht veranschaulicht [45].

2.3.3. Effizienz der Verbrechenskontrolle

Ein weitgehend übereinstimmender Grundsatz der Verbrechenskontrolle ist das Effizienzgebot, dessen Kernmerkmal es ist, dass die herkömmliche Justizförmlichkeit des Strafverfahrens zugunsten der Entkriminalisierung und Prozessbeschleunigung zurückgedrängt werden soll. Dieser pragmatische Grundsatz beruht darauf, dass die Strafjustiz ihre Kräfte auf die wirklich gewichtige mittlere und schwere Kriminalität konzentrieren soll. Das Effizienzgebot wurde bisher im Bereich der Kleinkriminalität relativ zügig durchgeführt, jedoch häufig mit dem Ergebnis der Verfahrenseinstellung durch Staatsanwaltschaft oder Gericht. Die konkrete Strategie der Effizienzsteigerung des Strafverfahrens und des Sanktionenrecht findet sich in der sog. Diversion, die in Abkehr von dem formalen Strafverfahren eine schnellere Reaktion auf kleinere und mittlere Straftaten und Jugendfehlverhalten ohne stigmatisierende Wirkung gestattet. Es ist aber auch nicht bestreitbar, dass durch die materielle und symbolische Wiedergutmachung die Überlastung der Strafrechtspflege im großen Maß verringert wird und die unerwünschten Nebenfolgen der bestehenden Sanktionen teilweise oder in erheblichem Maß korrigiert und verbessert werden können. Insoweit kommen der Wiedergutmachung verfahrensökonomische Vorteile zu.

Freilich kann die heutige kriminalpolitische Tendenz der „Funktionstüchtigkeit der Strafrechtspflege“, die als Effizienzorientierung der Strafjustiz

44 Vgl. vor allem Sessar 1983, S. 153.
45 Frehsee 1987, S. 88 f.

charakterisiert werden kann, die rechtsstaatlichen Verfahrensgarantien, wie die Unschuldsvermutung und die Gleichbehandlung von Armen und Reichen, gefährden. In diesem Sinne sollte durch Kosten-Nutzen-Analyse ein angemessener Harmonisierungspunkt zwischen Justizförmigkeit und Funktionstüchtigkeit gefunden werden. Dies ist die Aufgabe der Strafrechtspflege und kriminologischen Erfolgsbeurteilung der Sanktionsmittel.

2.4. Bedenken gegen die Tatwiedergutmachung

In der kriminalwissenschaftlichen Diskussion über die Wiedergutmachung werden einige Einwände gegen ihre Verankerung im gesamten strafrechtlichen Reaktionssystem erhoben: Zum einen bezieht sich der Einwand auf das Verhältnis der informellen Wiedergutmachung zum Formalisierungsgebot. Zum anderen fürchtet die Kritik am Abolitionismus, dass die Wiedergutmachung die Funktion der Strafe völlig ersetzt, so dass der staatliche Strafanspruch seine Bedeutung verlieren würde. Schließlich befürchtet man, dass die Wiedergutmachung das Netz der formellen Sozialkontrolle ausweiten würde.

2.4.1. Konflikt zwischen dem Formalisierungsgebot und der informellen Tatverarbeitung?

Die Klärung der Frage, ob ein durch das Strafrecht zu verarbeitender, bestimmter Konflikt durch andere Instrumente der Sozialkontrolle, hier vor allem der Tatwiedergutmachung, ersetzt werden kann, ist im Zusammenhang mit der Eigenschaft strafrechtlicher Sozialkontrolle vorzunehmen. Nach *Hassemer* [46] besteht die strafrechtliche Kontrolle in ihrer Formalisierung, also Verrechtlichung. Das Handeln sämtlicher Instanzen der strafrechtlichen Sozialkontrolle sei in einem gewissen Maße formalisiert und an Prinzipien, wie z.B. Vorhersehrbarkeit, Nachprüfbarkeit, Verhältnismäßigkeit, Gesetzlichkeit und limitierende Aufgabe des Schuldprinzips gebunden. Die Tatwiedergutmachung, die als Entformalisierung erscheint, widerspreche dabei dem Formalisierungsgebot [47].

---

46 AK-StGB-Hassemer 1990, Vor § 1 Rdnr. 302.

47 Die Tendenz zur Entformalisierung durch private Tatverarbeitung mittels der Wiedergutmachung sei nach *Hassemer* die „Flucht des Gesetzgebers in die Unbestimmtheit". Dazu auch AK-StGB-Hassemer 1990, vor § 1 Rdnr. 490.; auch ders. 1995, S. 214-218.; Neumann/Schroth, 1980, S. 96 f.

Bei genauer Betrachtung lässt sich jedoch erkennen, dass die Tatwiedergutmachung nicht dem Formalisierungsgebot entgegensteht, da sie die rechtsstaatlichen Grundsätze unberührt lässt. Sowohl die Durchführung des Ausgleichsverfahrens als auch die Ermöglichung und Anerkennung der Wiedergutmachung setzen einen hinreichend geklärten Sachverhalt voraus [48]. Ferner erfüllt das Absehen von Strafe als Rechtsfolge der Wiedergutmachung die klare rechtsstaatliche Voraussetzung des staatlichen Strafanspruchs, da es ein Schuldspruch ohne Strafausspruch darstellt.

Vielmehr muss der Tatfolgenausgleich den Weg zur Formalisierung beschreiten. Mit der Formalisierung des Konflikts wird einerseits die etwaige unvernünftige Rachehaltung des Opfers nach der Tat besänftigt, andererseits der Täter vor maßloser Rache des Opfers geschützt. Daher steht die nunmehr in § 46a StGB angesiedelte Tatwiedergutmachung im Einklang mit dem Formalisierungsgebot der strafrechtlichen Sozialkontrolle. Täter-Opfer-Ausgleich und Wiedergutmachung bleiben nun nicht mehr im rechtsfreien Raum und werden in diesem Sinne als eine strafrechtlich „kontrollierte Form zur Wiederherstellung des gestörten Rechtsfriedens“[49] gekennzeichnet.

2.4.2. Abolitionistische Perspektive

Die kriminalpolitischen und kriminologischen Zielrichtungen des Abolitionismus, dessen kriminalpolitischer Hintergrund insbesondere auf der Krise der in den 70er Jahren eingetretenen Behandlungsideologie beruht, sind in ihren einzelnen Ansätzen vielfältig. Ihr gemeinsamer Begriffsinhalt besteht aber jedenfalls darin, auf die totale Institution des Gefängnisses bzw. in einem noch umfassenderen und extremeren Sinn auf das Strafrechtssystem insgesamt zu verzichten. In der Vorstellung des Abolitionismus wird also der staatliche Strafanspruch verneint. Mit dieser Absage an die staatliche Intervention geht eine abolitionistische Theorie davon aus, dass Kriminalität ein ausschließlich zwischenmenschlicher Konflikt sei, der gelöst werden muss [50]. Die staatliche Übelzufügung sei nicht geeignet, einen positiven

---

48 Meier 1999, S. 9.; auch zum Kollisionsproblem verfahrensrechtlicher Rechte des Beschuldigten mit Täter-Opfer-Ausgleich, vor allem Kondziela 1989, S. 177-179. und 180.; Loos 1993, S. 55.; auch Hirsch 1990, S. 555.; zu Gegenargumenten, Bannenberg/Uhlmann 1998, S. 40-44.; siehe auch A. Hartmann 1995, S. 125-135.

49 Baumann u.a. 1992, S. 23.; auch Rössner 1995, S. 167.

50 Schmann 1985, S. 22.

Konfliktlösungsbeitrag zu leisten. So wollen die abolitionistischen Theorien die staatliche repressive Kontrolle durch informelle Konfliktregelungen ersetzen.

Auf den ersten Blick scheint der Aussagegehalt des Abolitionismus derIdee der Wiedergutmachung im Ansatz insofern sehr ähnlich zu sein, als eine Straftat in beiden kriminalpolitischen Strömungen als ein zwischenmenschlicher und interpersonaler Konflikt angesehen wird, und versucht wird die repressive Übelzufügung durch ein informelles Instrument der Sozialkontrolle zu ersetzen. Bei der Wiedergutmachung ist jedoch die abolitionistische Perspektive nicht rezipiert, da die Konfliktregulierung wegen des notwendigen Schutzes der Schwachen (Opfer) nicht dem freien Spiel der Kräfte überlassen werden kann [51]. Die Wiedergutmachung ist eine kontrollierte Reaktionsform, da sie nur im vorgegebenen Rahmen der Konfliktkontrolle möglich ist. Es bleibt aber auch beim Wiedergutmachungskonzept noch die Residualfunktion der Strafe, die nur mit Strafe erreicht werden kann. Die nunmehr im Rahmen des § 46a StGB vorzufindenden Reaktionsform ist deshalb nicht mit dem Abolitionismus gleichzusetzen [52]. Ferner kann symbolische Wiedergutmachung, wie sie auch von Abolitionisten häufig gefordert wird, nicht in ein abolitionistisches Konzept passen, da sich eine gemeinnützige Arbeit oder ein Geldbeitrag an eine gemeinnützige Einrichtung nicht ausschließlich auf private Konfliktlösung beschränkt, sondern unter Überwachung der staatlichen Kontrolle bleibt.

2.4.3. „Net-widening" Gefahr

Gegen die flächendeckende Anwendungsmöglichkeit der Tatwiedergutmachung wird vorgebracht, dass das Netz strafrechtlicher Sozialkontrolle nicht unangemessen ausgeweitet werden dürfe. Denn die erweiterte Kontrollmaßnahme löst diesen sog. „net-widening"-Effekt aus, welcher zu den anerkannten kriminalpolitischen Grundsätzen gehört und bei der Ausgestaltung der Reaktionsformen beachtet werden soll. Zur Diskussion gestellt wurde dabei vor allem die Möglichkeit, dass über den Täter-Opfer-Ausgleich auch Bagatellstraftaten und Täter einbezogen werden, die ansonsten sanktionslos geblieben wären [53].

---

51 Rössner 1989, S. 13 ; ders. 1993_a, S. 145.
52 Roxin 1994, S. 65 und (dort FN. 53_a); Bannenberg/Uhlmann 1998, S. 45.
53 Bundesministerium der Justiz 1988, S. 43.; Bannenberg/Uhlmann 1998, S. 45.

Jedoch soll sich aus dem Opferschutzgedanken ergeben, dass der Täter-Opfer-Ausgleich selbst auf die Kleinkriminalität angewandt werden könnte. Die aktive Einbeziehung der Opferinteressen in den Mechanismus der strafrechtlichen Sozialkontrolle bringt als unausweichliche Nebenfolge eine Schlechterstellung des Täters mit sich. Eine Wiedergutmachungsmaßnahme wirkt sich hier zwar zu Ungunsten des Täters aus, dessen Strafverfahren bislang wegen Geringfügigkeit folgenlos eingestellt worden ist, doch werden dadurch die Interessen des Opfers befriedigt. Außerdem sind die Gefahren des net-widening-Effekts wohl praktisch weniger bedeutsam als theoretisch [54]. So weist *Jesionek* [55] darauf hin, dass der von vielen befürchtete „net-widening-Effekt" bisher nicht eingetreten ist, dass es also nicht zu einer überschießenden staatlichen Reaktion bei Bagatellkriminalität gekommen ist.

54 Schöch 1996, S. 301.
55 Jesionek 1989, S. 181.

3. Tatwiedergutmachung in der Rechtfertigung des Strafrechts

Präventive Überlegungen können für die Strafzumessung von Bedeutung sein, aber auch der Legitimation des Strafrechts als solchem dienen. Die Tatwiedergutmachung steht dabei im Mittelpunkt der Diskussion der präventiven Zielsetzung des Strafrechts, da es strafrechtlich relevant sein kann, dass die neue Sanktionsform die Reaktionsverzicht legitimieren kann. Von zentraler Bedeutung ist daher herauszuarbeiten, welches (präventive) Gewicht der Tatwiedergutmachung in den Strafzweckdiskussionen [56] zugewiesen werden kann. Bevor man aber auf die Frage nach der strafzwecktheoretischen Legitimierung der Tatwiedergutmachung eingeht, sollte ihre sanktionsrechtliche Systematik geklärt werden.

3.1. Dreispurigkeit des strafrechtlichen Sanktionensystems

Die Tatwiedergutmachung stellt eine Reaktion auf die Straftat dar. Dabei stellt sich die wichtige Frage, wie sie in das Sanktionensystem eingeordnet werden kann. Dies hängt mit der Frage nach dem Verhältnis der Tatwiedergutmachung zu den anderen herkömmlichen Reaktionsformen zusammen.

3.1.1. Tatwiedergutmachung als „erste Spur"

Zu bestimmen ist zunächst, in welchem Verhältnis die strafrechtliche Wiedergutmachung und die herkömmlichen Sanktionen, also Strafe und Maßregeln der Besserung und Sicherung, zueinander stehen. Über die Frage nach der Einordnung der Wiedergutmachung in das strafrechtliche Sanktionensystem wurde in der Vergangenheit und wird auch heute noch viel debattiert, wobei die Wiedergutmachung fast übereinstimmend als „dritte Spur" [57] bezeichnet wird: Die herkömmliche Strafe ist die erste Spur; die Maßregel ist die zweite Spur und hat die Aufgabe, die Strafe zu ersetzen und zu ergänzen, wo wegen des Schuldprinzips den spezialpräventiven Notwendigkeiten nicht oder nur eingeschränkt Rechnung getragen werden kann; die Wiedergutmachung als dritte Spur, hat die Aufgabe, die Strafe zu ersetzen oder ergänzend zu mildern, wo sie den Strafzwecken und den Be-

---

56 Vgl. zum Zweckgedanken im Strafrecht, Freund 1995, S. 5-22.; ders 1996, S. 43.; ders. 1998, S. 2-5.

57 Frehsee 1987, S. 119.; Roxin 1987, S. 52.; Baumann u.a. 1992, S. 24

dürfnissen des Opfers ebenso gut oder besser gerecht wird als eine unverminderte Strafe. Das gemeinsame Merkmal der einzelnen Reaktionavariante ist die staatliche Kontrolle nach einer Straftat im Interesse des Opfers und der Gemeinschaft, nicht aber eine strafende Übelvergeltung [58].

Für die systematische Erklärung der Einordnung der Wiedergutmachung in das Sanktionensystem ist jedoch die Konstruktion als „dritte Spur" inhaltlich nicht fruchtbar, da sie nur in zeitlicher Sicht erfolgt. Die Bezeichnung als „dritte Spur" kann zudem für die flächendeckende Systematisierung der Tatwiedergutmachung einschließlich der symbolischen Wiedergutmachung nicht abschließend sein, da sich die bisherigen Erklärungsversuche nur auf finanzielle Abwicklungsformen beziehen. Um die Tatwiedergutmachung einschließlich der symbolischen Wiedergutmachung in das gesamte Kriminalsanktionensystem einzustufen, bedarf es daher einer noch ergänzenden und präziseren Erklärung.

Ausgehend von Subsidiaritätsprinzip, Verhältnismäßigkeitsgrundsatz und Entkriminalisierungsgebot lässt sich das Verhältnis der Tatwiedergutmachung zu den anderen herkömmlichen Sanktionen erklären: Die staatliche Strafe ist eine bewusste Übelzufügung, die das Unwerturteil der Rechtsgemeinschaft über die vom Täter gesetzte rechtsverletzende Verhaltensweise enthält. Im Hinblick auf das strafrechtliche Subsidiaritätsprinzip, das besagt, dass das Strafrecht nur dann eingesetzt werden darf, wenn andere Mittel der sozialen Problemlösung versagen, soll innerhalb des bislang von Strafe erfassten Bereichs des Strafrechts ein bestimmter Raum eröffnet werden, im materiellen und immateriellen Interesse des Opfers und zugunsten der Gemeinschaft die Tat konstruktiv zu verarbeiten.

Das Subsidiaritäts- und Verhältnismäßigkeitsprinzip gilt auch für den Eingriffsbereich der Maßregeln der Besserung und Sicherung, die an der spezialpräventiven Behandlung im Strafvollzug orientiert sind. Zum Zweck der effektiven Resozialisierung und der Vermeidung der Stigmatisierung soll im Bereich, der bisher durch die Maßregeln erfasst wurde, noch eine bessere Möglichkeit für die Besserung und Therapie vorweg eingeräumt werden, so dass der Täter freiwillig eine selbstresozialisierende Leistung, wie Teilnahme an einer Therapie (z.B. §§ 35 ff. BtMG), erbringen kann.

---

58 Rössner 1992_a, S. 412.

Da die Tatwiedergutmachung als „autonome“ Verantwortungsübernahme in jeden Bereich der als „Zwang“ zum Ausdruck kommenden Strafe und Maßregeln eingebunden ist, sollte sie von Aufgabe und Zielrichtung her als primäre Rechtsfolge angesehen werden. Bis zur mittelschweren Kriminalität erfüllt sie die Aufgaben des Strafrechts in gleicher Weise wie die herkömmlichen Zwangssanktionen[59]. So gesehen muss die strafrechtliche Tatwiedergutmachung die „erste Spur“[60] der strafrechtlichen Rechtsfolgen darstellen.

Die Tatwiedergutmachung kann jedoch weder den herkömmlichen Strafen noch den Maßregeln der Besserung und Sicherung zugeordnet werden, da sie von der freiwilligen Verantwortungsübernahme des Täters ausgeht, die im Widerspruch mit dem Charakter der Strafe und Maßregeln steht[61]. Sie fungiert also nicht als Strafe, sondern statt Strafe oder Milderung der Strafe und statt vorbeugender Maßnahmen: Sie spielt eine selbständige Rolle innerhalb des Sanktionensystem, mit der Zielsetzung in bestimmten geeigneten Fällen Strafe zu vermeiden oder zu mildern[62]. Die materielle und symbolische Wiedergutmachung dient der Füllung der Lücken zwischen Reaktionsverzicht und Bestrafung, auf die bisher von der Praxis ineffizient reagiert wurde.

3.1.2. Priorität der autonomen Verantwortungsübernahme vor der zwangsweisen Anordnung der Wiedergutmachung

Für die Verortung der strafrechtlichen ersten Spur in dem strafrechtlichen Sanktionensystem ist entscheidend, welches Wiedergutmachungsmodell

59 Rössner 1993, S. 354.

60 Auch Rössner 1993, S. 153 f.

61 Gegen die Freiwilligkeit der Wiedergutmachung wird der Einwand erhoben, dass sie keine autonome Entscheidungsfreiheit im Sinne eines ethisch motivierten Willensakts ausdrücke, weil diese Leistung doch nur unter dem Druck des Strafverfahrens erbracht werde. Vgl. dazu Schild 1995, S. 160-165 und 174.; Hirsch 1990, S. 561.; Lampe 1993, S. 487.; Loos 1993, S. 54.; ähnlich Dölling 1992_a, S. 497.; aber auch Sessar 1983, S. 153, der aus einer kriminologischen Perspektive den Strafcharakter der Wiedergutmachung befürwortet. Jedoch kann in die rein innere Welt des Täters nicht hineingesehen werden. In der Rechtswelt muss man sich damit begnügen, dass der Täter durch sein Handeln nach außen Verantwortung und Einsicht zeigt, und allein diesen Umstand werten. Vgl. dazu Rössner 1992_b, S. 275.; Baumann u.a. 1992, S. 28.; auch Roxin 1987, S. 44.; abweichend Weigend 1989, S. 151, der statt von Freiwilligkeit eher von einer „ Wahl zwischen zwei Übel“ ausgeht.

62 Roxin 1987, S. 37-19.; auch Baumann u.a. 1992, S. 11, 25.

zur Wiederherstellung des Rechtsfriedens geeignet ist, konkret gefragt, ob ein optimales Modell der Tatwiedergutmachung entweder der Zwangsauferlegung durch die Verfolgungsorgane oder der Autonomie zwischen den Tatbetroffenen zugrunde gelegt werden soll. Die Überlegungen sind in den bisherigen Diskussionen [63] häufig und verschiedentlich angesprochen worden. An dieser Stelle ist daher sanktionsrechtlich relevant, das grundlegende Regelungsprinzip der Tatwiedergutmachung hervorzuheben.

Stellt man die strafrechtliche Wiedergutmachung ausschließlich auf die materlelle Schadenskompensation ab, könnte das in der gerichtlichen Zwangsanordnung bestehende Sanktionsmodell wirksamer sein als das Autonomiemodell, da es damit sowohl in das Zivil- und das Strafverfahren integriert, als auch dem materiellen Interesse des Opfers noch besser Rechnung getragen werden kann. Im Mittelpunkt des strafrechtlichen Tatfolgenausgleichs steht jedoch gerade nicht die Wiedergutmachung des Schadens als solche, sondern der ideelle Täter-Opfer-Ausgleich, da die materielle Entschädigung des Opfers nur ein Ausschnitt aus dem Ausgleichsverfahrens ist. Dieser Bezugspunkt ergibt sich beispielsweise unmittelbar aus dem Wortlaut des § 46a StGB. Daraus ist zu folgern, dass nur die Verbindung zwischen der materiellen und immateriellen Wiedergutmachung eine sozialkonstruktive Tatverarbeitung begründen kann. Geht man darüber hinaus von dem Stufenverhältnis von Autonomie und Zwang aus, wird es klar, dass bei Beachtung des Subsidiaritätsprinzip die freiwillige Wiedergutmachungsübernahme der zwangsweisen Wiedergutmachungsauferlegung vorgeht[64].

3.1.3. Verfassungswidrigkeit der zwangsweisen Anordnung der immateriellen symbolischen Wiedergutmachung

Abgesehen davon, dass unter dem Gesichtspunkt des Autonomieprinzips die Autonomie gegenüber dem Zwang vorrangig sein soll, stellt sich auf der anderen Seite auch die verfassungsrechtliche Frage, ob die zwangsweise Verurteilung zur Teilnahme am Ausgleichsverfahren seiner Natur nach möglich ist. Die Beteiligung des Täters an dem Verfahren und eine Konfrontation mit dem Opfer sollen freiwillig sein, da der Kommunikations-

---

63 Vgl. vor allem zur Wiedergutmachung als Sanktionsmodell, Bundesministerium der Justiz 1988, S. 26 f.; Frehsee 1987.; zuletzt Walther 1999, S. 126-128.

64 Vgl. zum Verhältnis von Autonomie und Zwang, Rössner 1992, 269 ff; auch ders 1992_a, S. 411 f.

bzw. Versöhnungsakt sich aus seiner eigenen ethischen Entscheidung ergibt. Ein Zwang zur inneren Entscheidung des Täters kann einen unzulässigen Eingriff des Staates hervorrufen. Freilich kann die Entschuldigung durch Zwangsanordnung die Genugtuungsbedürfnisse des Opfers mehr befriedigen, wenn der Täter das Opfer sozusagen „auf den Knien" um Vergebung bitten muss. Doch würde diese Demutsgebärde des Täters in einer zivilisierten und vernünftigen Gesellschaft einer Vergeltung gleichkommen. Aus diesem Grunde ist die zwangsweise Auferlegung im Lichte der Menschenwürde (Art. 1 Abs. 1 GG) fraglich. Ferner kann ein Verstoß gegen die Gewissensfreiheit gemäß Art. 4 Abs. 1 GG gegeben sein, der die Freiheit vor gewissenswidrigen Betätigungen garantiert.

3.2. Tatwiedergutmachung und positive Generalprävention

Der Begriff der Generalprävention wurde lange Zeit zumeist ungegliedert gebraucht. Erst die mit der Bearbeitung des Begriffes der „Verteidigung der Rechtsordnung" einsetzende Entwicklung hat zur Zweiteilung in positive und negative Generalprävention geführt [65]. Die Theorien der positiven Generalprävention gehen dabei davon aus, dass Strafe positive Effekte bewirke. Die Terminologie versteht sich als Gegenpol zur negativen Generalprävention, welche durch Furcht vor Strafe jedermann von der Deliktsbegehung abhalten will. Positive Generalprävention ist ein Sammelbegriff ver-

65 Vgl. §§ 47 Abs. 1, 56 Abs. 3, 59 Abs. 1 StGB.; zur näheren Klärung des Begriffs der Verteidigung der Rechtsordnung, Maurach/Gössel/Zipf 1989, S. 587-590.

schiedener Konzeptionen, die unterschiedliche Aspekte der Strafe betonen, die nach jeweils eigener Auffassung als positiv bewertet werden. Gemeinsamkeit zwischen den Theorien der positiven Generalprävention ist jedenfalls, durch die Strafe das Vertrauen in die Bestands- und Durchsetzungskraft der Rechtsordnung zu erhalten und zu stärken [66].

3.2.1. Strafrecht als Aufrechterhaltung des Normsystems

Eine bemerkenswerte Position der positiven Generalprävention findet sich zuerst in dem in der Systemtheorie verwurzelten Ansatz *Jakobs*. Das Subsystem Recht diene der Stabilisierung von Verhaltenserwartung und die Aufgabe des Strafrechts sei die Erhaltung der Systemstabilität[67]. Positive Generalprävention wird demgemäss nicht unmittelbar als Instrument zum Schutz des verletzten Rechtsgutsobjekts, sondern als „Bestätigung der Normgeltung" definiert. Der Rechtsgutschutz ist nur eine mittelbare Funktion dieser Theorie. Der Zweck der Strafe sei die Stabilisierung der verletzten Norm durch Demonstration der Normgeltung auf Kosten eines Zuständigen, wobei für die Bestätigung der Normgeltung die formelle Rechtsgeltung, unabhängig von den Wertinhalten der Normen, entscheidend ist [68]. An dieses Argument bindet sich wohl auch das Bundesverfassungsgericht:

„Gerade eine so schwerwiegende Strafe wie die lebenslange Freiheitsstrafe ist besonders geeignet, im Bewusstsein der Bevölkerung die Erkenntnis zu festigen, dass das menschliche Leben ein besonders wertvolles und unersetzliches Rechtsgut ist, das besonderen Schutz und allgemeine Achtung und Anerkennung verdient. Durch die Bildung dieses Bewusstseins wird in der Bevölkerung ganz allgemein die Hemmung erhöht, menschliches Leben zu gefährden, insbesondere aber vorsätzlich zu vernichten." [69]

Bei dieser systemtheoretischen Strafbegründung besteht die Normbestätigung in drei Effekten; die „Einübung in Normvertrauen", die „Einübung in Rechtstreue" und drittens die „Einübung in die Akzeptation der Konsequenzen", die bei jedermann erfolgen soll; Adressaten der Strafe sind „alle

66 Jakobs 1993, S. 4-10; W. Hassemer 1990, S. 324-329.
67 Jakobs 1976, S. 31.; ders. 1993, S. 6.
68 Jakobs 1993, S. 6-8 und 41-46.
69 BverfG 45, 187 (256); BGHSt 24, 40 (46); 24, 64 (66).

Menschen", das Strafrechtssystem tritt der Bevölkerung als ganzes gegenüber [70].

Die abstrakt systemorientierte Betrachtungsweise der staatlichen Strafe ist dem Einwand ausgesetzt, dass der Täter lediglich ein Objekt des sozialen Normsystems ist: Denn das Bild von Strafrecht in dieser Theorie ist nicht davon geprägt, wie mit abweichenden Gesellschaftsmitgliedern umgegangen werden soll, sondern davon, dass durch eine Abweichung im Gesamtsystem das Normvertrauen erschüttert ist und durch strafrechtliche Reaktionen wiederhergestellt werden kann. Dabei handelt es sich also darum, dass für *Jakobs'* Ansatz das Bezugssystem Individuum keine Rolle spielt und stattdessen ausschließlich auf das Wirken von Strafe im gesellschaftlichen Bezugssystem abgestellt wird.

Zudem ist eine ganze Palette anderer Maßnahmen denkbar, die die Funktion der Normstabilisierung erfüllen könnte. Ein Widerspruch gegen die Desavouierung der Norm könnte auch durch Wiedergutmachung erfolgen, deren symbolischer Aussagegehalt zur Bekräftigung der Normgeltung geeignet sein kann [71]. Jedoch beschränkt sich die Reaktion bei *Jakobs'* Ansatz auf eine neutrale Übelzufügung, die auf jedes Unwerturteil verzichtet und die moralischen Überzeugungen oder das Rechtsempfinden der Allgemeinheit nicht, oder jedenfalls erheblich weniger, beeinflussen kann [72]. Das Strafrecht soll sich in erster Linie solcher Mittel bedienen, die die moralischen Kommunikations- und Erkenntnisfähigkeiten der Menschen ansprechen.

Außerdem mangelt es bei den bislang entwickelten Theorien der positiven Generalprävention aber auch am konkreten Opferbezug. Das reale Opfer tritt höchstens noch als Repräsentant der Allgemeinheit auf. Die Beteiligten werden nicht als kommunikativ handelnde Subjekte dargestellt: denn das

70 Jakobs 1993, S. 13.; Um die Stabilisierung allgemeiner Normbefolgung geht es im Ergebnis auch *Hassemer*, der im Vergleich zu *Jakobs* von einem grundverschiedenen Rechtsgüterschutzkonzept ausgeht (personal, nicht funktional): Inhalte der positiven Generalprävention sei „die öffentliche Behauptung und Sicherung von Normen sowohl der wirksamen Konfliktvermeidung als auch der formalisierten Konfliktverarbeitung". Vgl. dazu AK-StGB-Hassemer 1990, Vor § 1, Rdnr. 431; auch ders. 1990, S. 325-328.

71 Vgl. vor allem Frehsee 1987, S. 87-94.; Seelmann 1981, S. 51. 54 f.; Meier 1999, S. 14 f.

72 Hörnle/v. Hirsch 1995, S. 261 f.

positivistische Verständnis des Strafrechts und der Strafe will nicht den Täter und Opfer für einen Integrationsprozess in die Gesellschaft gewinnen. Die freiwillige Wiedergutmachung ist schließlich nicht mit den Theorien der positiven Generalprävention vereinbar, in denen das Strafrecht auf die abstrakte Dimension reduziert betrachtet wird.

3.2.2. Strafrecht als Integration zwischen Täter, Opfer und Gesellschaft

Soweit die Frage nach Legitimierung des Strafrechts bzw. staatlichen Strafanspruchs an zweckrationale Erwägungen, an Normen gebunden werden soll, sollte sich die staatliche Reaktion an allen Tatbetroffenen orientieren. Dabei stehen herkömmlich der Täter und die Gesellschaft im Mittelpunkt einer positiven Generalprävention. Ein verändertes Strafrechtsverständnis fordert jedoch nunmehr, auch die Opferperspektive in die Zweckerwägung mit einzubeziehen: Denn es lässt sich ohne Befriedigung des Opfers keine Normbefolgungsbereitschaft und Normanerkennung und Normakzeptanz erzeugen. Dagegen ist allein eine neutrale Übelzufügung für die Wiederherstellung des Rechtsfriedens nicht genügend. Sie dient nur noch der „Bestätigung der Normgeltung", die aber nur eine Seite der Aufgaben des Strafrechts ist.

Für die Integration von Täter, Opfer und Gesellschaft ist jedoch das Verhalten des Täters entscheidend, da er für die Tat primär Zuständiger ist. Demgemäss soll das Strafrecht das Individuum beeinflussen und fördern, zu einer Einsicht in die Tatschuld zu kommen und an die Verantwortung gegenüber dem Opfer und der Gesellschaft appellieren. Dagegen kann lediglich allein eine Übelzufügung nicht zur konstruktiven Tatverarbeitung führen. Nur so verstandenes Strafrecht erfüllt in der heutigen Rechtsordnung seinen Zweck.

In diesem Zusammenhang weist *Roxin* [73] darauf hin, dass die Integrationswirkung der Strafe in der Wiederherstellung des durch das Delikt gestörten Rechtsfriedens besteht. Bei seiner Theorie der Integrationsprävention sind drei Wirkungen zu unterscheiden: der sozialpädagogisch motivierte „Lerneffekt", der die Einübung in Rechtstreue herbeiführen soll; der „Vertrauenseffekt", der sich ergibt, wenn der Bürger sieht, dass das Recht sich durchsetzt; schließlich der „Befriedungseffekt", der sich einstellt, wenn der

---

73 Roxin 1987, S. 47 f.

Delinquent so viel getan hat, dass das allgemeine Rechtsbewusstsein sich über den Rechtsbruch beruhigt und den Konflikt mit dem Täter als erledigt ansieht. Roxin nimmt damit die positive Generalprävention als Oberbegriff und beschränkt die Integrationsprävention im engen Sinne auf den Befriedungszweck der Sanktion. Dabei soll der Befriedungseffekt durch Wiedergutmachungsleistung des Täters realisiert werden, da die generalpräventiv gebotene Sanktion hinter dem Schuldmaß zurückbleiben darf und soll, wo die Befriedungswirkung auch durch mildere Sanktion, hier also Wiedergutmachung, erreicht werden kann [74].

3.2.3. Normverdeutlichung durch freiwillige Verantwortungsübernahme

Ein positiv-generalpräventives Element des Strafrechts sieht *Rössner* [75] vor allem in der freiwilligen Verantwortungsübernahme und damit der Normverdeutlichung. Ein positives Nachtatverhalten des Täters, das sich aus seiner inneren Einsicht ergibt, führe zur Normverdeutlichung, wobei der Täter so zeigen könne, dass er trotz der Tat seine Identität in der Gesellschaft und ihren Normen findet, dass zwischen ihm als Person und der Tat eine Differenz besteht. Die aktive Distanzierung des Täters durch Täter-Opfer-Ausgleich stabilisiere somit die verletzte Norm in hervorragender Weise. Die Normverdeutlichung durch die Wiedergutmachung basiert auf der freiwilligen Verantwortungsübernahme des Täters, wobei es um persönliche Verantwortung für ein Verhalten, das als Fehlverhalten erkannt worden ist, geht. Die Verantwortungsübernahme beinhaltet das Erkennen, selbst einen Fehler gemacht zu haben, und eine subjektiv verbindliche Absicht, einen solchen Fehler nicht wieder zu begehen und dafür die sozialkonstruktive Leistung zu erbringen.

---

74 Roxin 1987, S. 48.; Skeptisch zur *Roxin's* These, vgl. Zipf 1989, S. 483, der anstatt der Unterscheidung zwischen Vertrauens- und Befriedungseffekt die Generalprävention in Normdurchsetzung und Normakzeptanz unterscheidet. Der Aspekt der Normdurchsetzung verweist auf den richterlichen Vorgang der Sanktionsbestimmung selbst und meint die Art und Weise, in der der Richter motivierend auf die allgemeine Rechtstreue einwirken will. Die Normakzeptanz in der Bevölkerung bezieht sich auf den Grad der Übereinstimmung der Bevölkerung (sog. Normbefolgungsbereitschaft). Da das wiedergutmachende Verhalten des Täters und die Befriedigung des Opfers eine hohe Normbefolgungsbereitschaft darstelle, brauche sich der Richter in der Regel nicht um die Aspekte der Generalprävention zu sorgen. Vgl. dazu ders. 1989, S. 484 f.

75 Rössner 1989, S. 16-20.

Mit dieser Aussage kann der wirkliche Entwicklungsvorgang der Tatbewältigung deutlich gemacht werden: Strafbares Verhalten entsteht in aller Regel aus einer persönlich kritischen Situation. Zum Zeitpunkt der Straftatbegehung wird das vorhandene Normbewusstsein durch emotionale Probleme, wie Ärger, Rache, Angst überlagert. Durch den persönlichem Ausgleich mit dem Täter erfährt das Opfer die aktuelle Geltungskraft strafrechtlicher Normen und erkennt die Bedeutung der Rechtsordnung für ein einvernehmliches Zusammenleben. In der Konfrontation mit dem Opfer wird der Täter motiviert, durch die aktive Beteiligung an der Konfliktlösung zu seiner Verantwortung zu stehen und den Zusammenhang zwischen persönlichem Wertsystem und allgemeinen gesellschaftlichen Normen herzustellen [76]. Die integrationspräventive Relevanz der Tatwiedergutmachung wurde von bisher praktizierten Modellen zum Täter-Opfer-Ausgleich im Jugendstrafrecht verdeutlicht: die Bevölkerung sieht keineswegs nur in einer Erhöhung und Ausweitung der strafrechtlichen Sanktionen ein Allheilmittel gegen Kriminalität [77].

3.2.4. Verhaltenssteuerbarkeit durch symbolische Wiedergutmachung

Es mag Skepsis erzeugen, ob durch symbolische Wiedergutmachung Menschen dazu gebracht werden können, künftig keine Straftaten zu begehen. Dieser Zweifel betrifft vor allem die beispielsweise erwähnenswerten Fälle, in denen der Täter lediglich durch eine Entschuldigung oder eine fünfstündige Beratung [78] eine Strafprivilegierung bekommen kann. Eine Präventionswirksamkeit der symbolischen Wiedergutmachung lässt sich wegen der ungesicherten empirischen Zusammenhänge nicht eindeutig folgern.

Gleichwohl soll, bevor auf die präventive Wirksamkeit einer symbolischen Wiedergutmachung geantwortet wird, auf der normativen Ebene gefragt werden, ob eine Prävention durch Strafrecht überhaupt möglich ist. In der Kriminalwissenschaft ist jedoch allgemein anerkannt, dass härtere Strafen keine bessere Abschreckung bewirken. Sogar eine Senkung des Strafniveaus kann zu einer Sensibilisierung des Strafempfindens führen [79]. Obwohl diese Aussage nicht für alle Schweregrade der Straftaten gelten kann, kann sie zumindest für Alltagskriminalität gültig sein. Daher kann bei sol-

---

76 Zwinger 1994, S. 162.; Rössner 1989, S. 18.
77 Vgl. dazu Schreckling 1991. S. 24-50.
78 Vgl. dazu Beulke 1998, S. 1427 f.
79 Etwa Schöch 1985, S. 1103.

cher Kriminalität eine symbolische Wiedergutmachung erfolgen, soweit man bei dem Sanktionszweck auf die Individualprävention im Interesse eines menschlichen Miteinandergehens abstellt. Außerdem kommt es für die Alltagskriminalität nicht darauf an, ob eine symbolische Wiedergutmachung, die eine geringere Eingriffsintensität enthält, den Täter verändern kann. Es geht vielmehr darum, ob es dem Strafrecht gelingt, durch eine symbolische Leistung Agressionspotentiale des Täters abzubauen und ihn zu einem friedlichen Umgang mit seinen Mitmenschen zu bewegen.

3.3. Schwächung der negativ-generalpräventiven Wirksamkeit

Entscheidendes Merkmal der negativen Generalprävention ist, dass durch die Furcht vor Strafe jedermann von der Begehung strafbarer Handlungen abgeschreckt werden soll. Der richtige Gedanke dieser Ansicht liegt in der Annahme, dass Rechtsgüterschutz am besten erreicht werden kann, wenn durch das Strafrecht ein Zwang entsteht, Straftaten erst gar nicht zu begehen. Nicht nur die Strafandrohung soll die Begehung von Straftaten verhindern, sondern auch die Verhängung und der Vollzug der Strafe, damit die Allgemeinheit davon ausgeht, dass die Strafandrohung auch umgesetzt wird und nicht die leere Drohung bleibt. Aufgrund dieser Auffassung der negativen Generalprävention haben einige Gegner [80] gegen die Einführung der Tatwiedergutmachung in das strafrechtliche Sanktionensystem vorgebracht, dass die Tatwiedergutmachung die negativ-generalpräventive Wirksamkeit bedroht. Bei der Bevölkerung könnte sich ein Bewusstsein ergeben, eine bloße Rückgabe z.B. einer gestohlenen Sache sei in Kauf zu nehmen, bzw. wirke als Anreiz zur Begehung von kriminellen Handlungen. Eine kriminelle Handlung würde sich dann lohnen, wenn als Reaktionsform lediglich die Wiederherstellung des alten Zustandes droht. Dieser Kritik wird häufig entgegnet, dass bei der Wiedergutmachung der strafrechtliche Schuldspruch vorausgesetzt ist und dieser dann die wesentlichen Abschreckungselemente des Strafrechts enthält [81]. Geht man darüber hinaus davon aus, dass die empirischen Ergebnisse, wonach Art und Schwere der Strafe keinen Einfluss auf die Begehung von Straftaten haben, wohl aber den informellen Reaktionen im Umfeld des Täters eine große Bedeutung zukommt, reduzieren sich die Einwände erheblich.

80 Vgl. Hirsch 1990, S. 545 f.; Loos 1993, S. 53 f.; Lampe 1993, S. 491 f.
81 Schöch 1992, S. 64.

Es wird weiterhin befürchtet, dass die Generalprävention erheblich herabgesetzt wird, weil die Rechtsfolgen der Straftat dann denjenigen entsprechen, die sich im wesentlichen ohnehin bereits aus der zivilrechtlichen Restitutionsverpflichtung ergeben[82]. Diese Auffassung setzt aber voraus, dass der Täter wohlüberlegt und risikoabwägend handelt und dass die Wiedergutmachung aus der Tätersicht eine problemlos zu erbringende Leistung darstellt, die ohne emotionalen und praktischen Aufwand leicht zu bewältigen ist. Jedoch bedarf es bei der Tatwiedergutmachung noch einer unabdingbaren Voraussetzung, nämlich der subjektiven Auseinandersetzung zwischen Täter und Opfer. Der Versuch einer umfassenden Lösung des Täter-Opfer-Konflikts ist hier für den Täter häufig aufwendiger als die Zahlung einer Geldstrafe, durch die er jeglicher Problematik entgehen kann [83].

3.4. Spezialprävention durch sühnende Handlung zur Tatwiedergutmachung

Die Strafzumessungsformel in § 46 StGB sieht vor, dass die Schuld eine Grundlage der Strafzumessung ist und dass daneben spezialpräventive Gesichtspunkte, die von der Strafe für das künftige Leben des Täters in der Gesellschaft zu erwarten sind, zu berücksichtigen sind. Nach der Spielraumtheorie bestimmt der Schuldausgleich nur einen konkreten Strafrahmen, innerhalb dessen präventive Zwecke zur Geltung kommen können. Bei den präventiven Erwägungen spielt nach wie vor die Spezial- bzw. Individualprävention eine Hauptrolle in der Strafzumessung. Demgegenüber besitzt die Generalprävention nur eine untergeordnete Rolle, da die negative Generalprävention in der Regel bereits in die Schuldbewertung eingebettet und die positive Generalprävention kaum messbar ist [84].

Bei der „Individualprävention" geht es jedoch nicht allein um die gezielte Einwirkung auf einen schon entsozialisierten Täter, durch Verurteilung und Strafvollzug, sondern auch um die Vermeidung unbeabsichtigter Nebenwirkungen von Verurteilung und Vollzug, etwa die Gefahr, dass die Strafe einen bisher sozial ausreichend eingefassten Täter aus der sozialen Ordnung herausreißt. Es ist daher Aufgabe der gesamten Kriminalwissenschaft

---

82 Hirsch 1969, S. 319.; ders, 1990, S. 545 f.; ders.1990$_a$, S. 381
83 Frühauf 1988, S. 184.
84 Dölling 1990, S. 18 f.

und Praxis, die Möglichkeit von dem Individuum entsprechenden Sanktionsarten zu finden, um einerseits eine bessere Einwirkung auf den Täter zu ermöglichen und andererseits die schädlichen Nebenwirkungen der stigmatisierenden Strafe zu vermeiden.

Herkömmlicherweise ist die Spezialprävention daran orientiert, den einzelnen Täter von weiteren Taten abzuhalten. Der rein täterorientierte Resozialisierungsgedanke war aber in der Vergangenheit und ist auch heute nicht in wünschenswertem Maß erfolgreich. Die mangelhafte Programmausgestaltung der Resozialisierung soll nunmehr durch Täter-Opfer-Ausgleich ergänzt werden. Dabei wird durch den Täter-Opfer-Ausgleich mit Sicherheit auf die soziale Integration des Delinquenten ein positiver Einfluss genommen, da die Wiedergutmachung auch als opferorientiertes Anliegen in einen Bezug zur Spezialprävention zu bringen ist. Kriminologische Theorien des sozialen Lernens und des labeling approach gehen diesbezüglich davon aus, dass die informelle Reaktionsform auf eine Straftat am ehesten zur Verhinderung von Rückfällen führt, die bei dem Täter Lernprozesse auslöst, ohne stigmatisierend und desintegrierend zu wirken [85].

Die Erfahrung der Tat und der Versuch der Wiedergutmachung sind entscheidende Ansatzpunkte für ein tatbezogenes – also spezifisch strafrechtliches – soziales Lernen. Eine Auseinandersetzung mit dem Leid des Opfers kann beim Täter Aufmerksamkeitsprozesse in Gang setzen, die es ihm ermöglichen, sozial akzeptierte Formen des sozialen Zusammenlebens zu finden [86]. Der Täter kann durch seine Verantwortungsübernahme nach außen zeigen, dass er die Tatfolgen autonom akzeptiert. Diese innere Betroffenheit des Täters stellt ein wesentliches Merkmal der Resozialisierung dar, und sollte vom Strafrecht und der Strafrechtspraxis gefördert werden [87].

85 Die freiwillige Verantwortungsübernahme stützt sich auch auf das von *Braithwaite* konzipierte „*Reintegrative Shaming*“, das auf die Isolierung des strafbaren Verhaltens und die konstruktive Tatbewältigung abhebt (dazu vgl. Rössner 1996, S. 220 f).

86 Rössner 1993$_a$, S. 144 f.

87 Allerdings dürfte die symbolische Wiedergutmachung der Sicherung der Allgemeinheit vor weiteren Straftaten nicht in erwartetem Maße dienen, insbesondere bei Tätern mit hoher Rückfallgefährdung. Vgl. dazu Schöch 1992, S. 64 f. Aber auch sie kann nicht zum Zuge kommen, insbesondere in Fällen, in denen es um die Gruppe der sozialbenachteiligten oder entwurzelten Mehrfach-Bagatellstraftäter geht, gegen die finanzielle Sanktion nicht durchsetzbar sind und sich die gemeinnützige Arbeitsleistung nicht erbringen können oder wollen. Vgl. dazu Weigend 1992, S. 350.

Im Sinne der Eigenverantwortlichkeit und inneren Betroffenheit korrespondiert der spezialpräventive Gesichtspunkt der Tatwiedergutmachung auch mit dem Sühnegedanken, der einen Versuch andeutet, den Täter mit dem Opfer und der Gesellschaft zu versöhnen[88] Durch Täter-Opfer-Ausgleich wird die Sühneleistung nicht mehr durch reine Vergeltung verübt, sondern kann eine versöhnende Leistung mit aktiver Reue gegenüber dem Opfer und dem durch ihn begangenen Unrechtserfolg ermöglichen, mit der Folge, dass der Täter dadurch seine kriminelle Energie abbauen kann. Die Verbindung zwischen der Sühne und autonome Wiedergutmachung ist in diesem Sinn nicht mehr vergangenheits-, sondern zukunftsorientiert. Dementsprechend ist der bisherige synonyme Gebrauch der Begriffe Sühne und Vergeltung missverständlich, weil er sich nur dort eignet, wo der Schuldige freiwillig eine Leistung erbringt, die auch die Gesellschaft als Tilgung seiner Schuld anerkennt[89].

88 Roxin 1987, S. 50.
89 Noll 1962, S. 8.

4. Opferbezogene Aspekte der Tatwiedergutmachung

Ein wesentlicher Zweck der Tatwiedergutmachung ist der Schutz des Opfers. Durch einen Kommunikationsprozess kann die psychische Belastung abgebaut und die Tat in vernünftiger Weise bewältigt werden. Die im Laufe der Zeit verstärkt eingenommene Opferperspektive fordert nunmehr die Abkehr vom ausschließlich täterbezogenen, herkömmlichen Strafrecht.

4.1. Viktimologische Erkenntnisse

Viktimologie ist die Wissenschaft, die sich mit dem Viktimisierungs- und Entviktimisierungsprozess, dem kriminellen Opferwerden und dem Reaktionsprozess auf dieses Opferwerden, sowie deren Voraussetzungen und Konsequenzen befasst [90]. Ihre Bedeutung in der sozialen Kontrolle äußert sich sowohl in den Beziehungen zum Täter, zur Tat und zur Kriminalitätsbewegung als auch in jenen zur Verbrechenskontrolle und zur Rechtspolitik.

4.1.1. Viktimisierung und Tatwiedergutmachung

Viktimologie als empirische Wissenschaft ist noch eine relativ junge Disziplin der Kriminalwissenschaft, denn die Verbrechensopfer wurden erst nach dem zweiten Weltkrieg zum Gegenstand kriminologischer Forschung. In den früheren viktimologischen Untersuchungen galt die Lehre vom Opfer zunächst den Wechselwirkungen zwischen Täter und Opfer vor und während der Tat. Derzeitige kriminalpolitische Wirkungen der Viktimologie lassen sich als staatliche Opferentschädigung, Wiedergutmachung auf der Grundlage des Täter-Opfer-Ausgleichs und Mitverantwortung des Opfers im Zusammenhang mit sog. Viktimodogmatik zusammenfassen.

Die Lehre vom Opfer will die Beziehungen zwischen dem Täter und dem Opfer untersuchen, zudem bezieht sich die viktimologische Methode in der Regel auf das empirische Studium des Opferwerdens und auf die Opferbefragung. Bei der empirischen Viktimologie handelt es sich überwiegend um die Vorbeugung des Opferwerdens: Dabei unterscheidet man beim Opferwerden zwischen primärer, sekundärer und tertiärer Viktimisierung. Unter primärer Viktimisierung werden alle direkten, tatgebundenen Schädigun-

90 Schneider 1987, S. 752.

gen und Verletzungen durch den Täter verstanden. Sekundäre Viktimisierung meint eine die Opferrolle verstärkende gesellschaftliche Reaktion auf die ursprüngliche Viktimisierung [91]. Sie entsteht aus der formellen und/oder informellen Reaktion auf das Opferwerden und lässt sich als soziale oder psychische Beeinträchtigungen erfassen. Die informelle Reaktion erfolgt dabei durch die Personen des sozialen Nahraums, die es dem Opfer z.B. durch Scheu und/oder Misstrauen erschweren, sich wieder in seine Umwelt (Familie, Freundeskreis) zu integrieren. Die formelle Reaktion erfolgt durch das Wirken der Vertreter der Instanzen sozialer Kontrolle, wie z.B. Staatsanwälte, Richter, Polizisten. Als besonders belastend wird – speziell von Vergewaltigungsopfern – die Situation während der Verhandlung empfunden. Die tertiäre Viktimisierung ist das Ergebnis von Erlebnissen und Zuschreibungs- bzw. Etikettierungsprozessen aufgrund vorangegangener primärer und/oder sekundärer Viktimisierungen[92]. Häufig löst die tertiäre Viktimisierung durch die dauerhafte Übernahme der Opferrolle in die Persönlichkeit psychosomatische Probleme wie Ängste, Wut, Depressionen oder sozialen Rückzug aus, womit die Gefahr einer self-fulfilling prophecy einhergeht.

Bei der Reaktion auf Primärviktimisierung kommt es darauf an, das Opferwerden psychische und sozial zu vermeiden, Verbrechensopfer an der sozialen Kontrolle angemessen zu beteiligen und damit eine Sekundärviktimisierung zu vermeiden. Hierbei kann Wiedergutmachung als ein kreativer Prozess funktionieren, der eine mühsame psychisch und soziale Geständnis- und Trauerverarbeitung beim Täter verlangt und dadurch die Verantwortung für seine Tat vor dem Opfer und vor der Gesellschaft auf sich nimmt [93].

4.1.2. Opferbefragung und Anzeigeverhalten

Die Opferbefragung und die Opferforschung haben die breite Viktimisierung ebenso wie die kriminalpolitische Vernachlässigung verdeutlicht. Die Untersuchungen zum Opferwerden im Zusammenhang mit der Dunkelfeldforschung sind in den letzten Jahren in vielen Ländern durchgeführt worden. Dabei hat sich bei den meisten Opferbefragungen gezeigt, dass nicht

---

91 Jung 1993, S. 585.; Rössner/Wulf 1984, S. 1.; Heinz 1993, S. 373.; Kaiser 1993, S. 86 f.

92 Bauermann/Schädler 1991, S. 17.

93 Schneider 1987, S. 777 f.

die Polizei, sondern das Opfer durch seine Anzeige das Strafverfahren in Gang bringt, weil nur 2 bis 9 % aller Ermittlungsverfahren auf amtliche Wahrnehmung durch ein Verfolgungsorgan zurückgehen, in allen übrigen Fällen wird das Verfahren durch eine entsprechende Strafanzeige ausgelöst[94]. Aber auch die Untersuchungen haben gezeigt, dass Opfer nicht vor allem Rachegedanken und Strafvorstellungen haben, sondern vorwiegend daran interessiert sind, dass die durch die Tat entstandenen Schäden ersetzt werden. Darüber hinaus, und manchmal vorrangig, wollen Opfer wissen, warum gerade sie betroffen sind, und wollen Angst und Ärger hinter sich lassen. Das Interesse der materiellen Schadenswiedergutmachung und die Tatbetroffenheit des Opfers belegen den Kommunikationsbedarf von Opfern.

Auf der anderen Seite werden aber viele Verbrechen nicht vom Opfer angezeigt. Die Gründe dafür sind verschieden. Erstens gewinnt das Opfer durch die Anzeige nichts, es hat z.B. keine Erwartung auf die Wiedergutmachung, zweitens beim Opfer bleiben nur geringfügige Tatfolgen, drittens fürchtet sich das Opfer vor der Rache des Täters, weil es der Kriminaljustiz nicht vertraut, und schließlich ist es oft selbst in die Tat verwickelt (Mitverantwortung) [95].

4.2. Die Stellung des Opfers im Strafverfahren

Seit den 80er Jahren gewinnen die Verbrechensopfer an Bedeutung in der Strafrechtspflege. Die kriminalpolitische Strömung zugunsten des Opfers kann als „Wiederentdeckung des Verletzten als Subjekt“ bzw. „Renaissance des Opfers im Strafverfahren“ formuliert werden. Diese stärkere Tendenz zum Opferschutz im Strafverfahren ist bis heute weltweit im Zusammenhang mit dem Täter-Opfer-Ausgleich verknüpft und zählt ganz sicher zu den länderübergreifenden kriminalpolitischen Entwicklungslinien. Diese Tendenz des Opferschutzes kann aber in gewissem Maße mit den Interessen des Beschuldigten konkurrieren.

---

94 Schneider 1987, S. 213.; Kaiser 1993, S. 330-333.
95 Vgl. Schneider 1987, S. 211-215 m.w.N.

4.2.1. Beschuldigteninteresse versus Verletzteninteresse

Für die prozessuale Stellung des Verletzten werden mit einer Aktiv- und einer Passivposition zwei Grundmuster erkennbar [96]. Bei der passiven Stellung handelt es sich darum, dass der Verletzte vor der durch die Beteiligung am Strafverfahren betroffenen etwaigen Benachteiligung geschützt werden soll. Diese Annahme geht grundsätzlich davon aus, dass der Verletzte nicht am Verfahren aktiv teilnimmt, sondern unabhängig von seinem Willen zwingend, wie z.B. der Zeuge, in das Strafverfahren eingebunden wird. In diesem Rahmen der passiven Position kommt es also auf den Schutz der Persönlichkeit des Verletzten an. Nach der Auffassung von *Rieß* wird dieses Recht des Verletzten auf seinen Persönlichkeitsschutz begründet durch die Menschenwürde (Art. 1 Abs. 1 GG), das Rechtsstaatprinzip (Art. 20 Abs. 1 GG) sowie das Sozialstaatsprinzip [97]. Durch diese verfassungsrechtliche Legitimierung wird jedoch die Schutzbedürftigkeit der Persönlichkeit des Verletzten nur mittelbar unterstützt [98]. Die Wichtigkeit des Opferschutzes liegt dann vielmehr in der Aufgabe des Staates, in der Schutz einzelner Bürger vor der Rechtsgutverletzung als primäre Zuständigkeit angesehen wird. Die Persönlichkeit des Verletzten, die zum Kernbereich seiner Subjektstellung gehört, soll danach so intensiv wie möglich durch staatliche Schutzmaßnahmen gesichert werden. In diesem Schutzbereich hat das erste Opferschutzgesetz [99] der Intimsphäre („persönlicher Lebensbereich") in §§ 68a StPO und 171b GVG Rechnung getragen. Ein weiterer Versuch zur Erweiterung des Persönlichkeitschutzes findet sich nunmehr in der auf dem 26. Deutschen Juristentag durchgeführten Diskussion, in der hauptsächlich der effektive Schutz der Opferzeugen im Mittelpunkt der Diskussion gestanden hat[100].

Auf der anderen Seite erscheint zweifelhaft, ob die Stärkung und Erweiterung der Schutzmaßnahmen hinsichtlich der Persönlichkeit des Verletzten zur Schmälerung bzw. Gefährdung der rechtsstaatlich garantierten Verteidigungsrechte führen würde. Die Interessen des Verletzten könnten mit den

96 Rieß 1984, S. 63.
97 Rieß 1984, S. 47-49 m.w.N.
98 Weigend 1989, S. 423 f.
99 Bundesgesetzblatt I. S. 2496.; Vgl. zur strafrechtlichen Bedeutung des Opferschutzgesetzes und Kritik, Weigend 1987, S. 1170.
100 Vgl. dazu Weigend 1998.; auch Zeugenschutzgesetz vom 30. 4. 1998 (Bundesgesetzblatt I, S. 820).

Verteidigungsinteressen des Beschuldigten kollidieren. In diesem Bereich der Persönlichkeitsschutz des Opfers ist jedoch an der Interessenkollision kaum vorzukommen, da der Persönlichkeitsschutz und die Verteidigungsinteressen jeweils voneinander getrennte Zieldimensionen des staatlichen Strafverfahrens sind.

Anders als die Passivposition dominiert bei der Aktivposition der Verfolgungswille des Verletzten. Hauptgesichtspunkt dieser Position ist sein Genugtuungs- oder Wiedergutmachugsbedürfnis [101]. Diesen aktiven Rechten wurden teilweise durch das erste Opferschutzgesetz zum Erfolg verholfen, indem dem Verletzten aktive Beteiligungsrechte eingeräumt wurden: insbesondere im Bereich der Nebenklage (§§ 395-402 StPO) und eines prozessualen Informations- und Akteneinsichtssrechts (§§ 406d ff StPO), bei der Berücksichtigung des Täter-Opfer-Ausgleichs im Strafzumessungsrecht (§ 46 Abs. 2 StGB), beim Versuch einer Wiederbelebung des Adhäsionsverfahrens (§§ 403 Abs. 1, 406 Abs. 1 S. 2 StPO) und bei Zahlungserleichterungen im Rahmen der Vollstreckung der Geldstrafe mit dem Ziel einer Verbesserung der Möglichkeit von Schadenswiedergutmachung (§ 459a StPO).

Um aber dem Verletzten diese aktiven Befugnisse einzuräumen, bedarf es einer noch klareren Begründung, als bei der Passivposition: denn wenn der Strafprozess nach herkömmlichem Verständnis als eine nur zwischen dem Staat und dem Angeklagten gebildete Dichotomie angesehen wird, dann ist die Beteiligung des Verletzten am Verfahren als ein Störungselement anzusehen. Eine Stärkung aktiver Beteiligungsrechte des Verletzten müsste bewusst oder stillschweigend zur Schwächung der Angeklagtenrechte führen [102]. Daher können die aktive Opferrechte nur dann legitimiert werden, wenn durch sie die dem Angeklagten zur Verfügung stehenden Verteidigungsrechte nicht beeinträchtigt werden. Dem Verletzten ist aufgrund seiner Subjektposition eine aktive Beteiligung am Verfahren jedoch nicht pauschal zu versagen. Art und Umfang der aktiven Gestaltungsbefugnisse sind nicht allgemein zu beschreiben, sondern richten sich nach der Ausprägung des Interesses (z.B. Informationsinteresse, Wiedergutmachungsinteresse usw.) und nach dem typisierbaren Grad der Betroffenheit (z.B. durch sexuellen Missbrauch einerseits oder Ladendiebstahl andererseits).

101 Rieß 1984, S. 63.

102 Vgl. vor allem zum Akteneinsichtsrecht des Verletzten, Schünemann 1986, S. 198.

4.2.2. Aktive Beteiligungsrechte und ihre Wirklichkeit

Trotz der kriminalpolitischen Gewichtsverlagerung auf den opferbezogenen Umgang mit dem Strafverfahren lässt sich der allmähliche Rückzug der einzelnen aktiven Beteiligungsrechte im Strafverfahren veranschaulichen. Die Beteiligungsmöglichkeiten des Verletzten sind in der Praxis aber nur von geringer Bedeutung: Die Privatklagen haben zwischen 1960 und 1990 von rund 34000 auf bedeutungslose 4000 abgenommen. Als Nebenkläger tritt das Opfer auch nach der Reform durch das Opferschutzgesetz in nur etwa jedem fünften möglichen Fall auf [103]. Zugunsten einer Entschädigung des Opfers ist zwar in §§ 403 ff StPO die Möglichkeit vorgesehen, seine aus der Straftat entstandenen vermögensrechtlichen Ansprüche bereits im Strafverfahren geltend zu machen, dies kam aber in der Praxis nicht zum Zuge. Vor den Amtsgerichten gab es 1990 in den alten Bundesländern lediglich 1406 Urteile in Adhäsionsverfahren, d.h. nur in etwa jedem 250. Fall einer Verurteilung. Die Abschwächung der Umsetzung dieses Verfahrens ist auf mehrere Gründe zurückzuführen: zum einen ist dieses Entschädigungsverfahren trotz bestehender Informationspflichten den Verletzten nur wenig bekannt, weshalb der erforderliche Antrag des Verletzten ausbleibt [104]. Zum anderen sind für die Vernachlässigung des Adhäsionsverfahrens Gründe anzuführen, die der Strafrechtspflege zuzuschreiben sind, etwa die Handhabung der gesetzlichen Ausnahmenorm des § 405 S. 2 StPO, wonach das Strafgericht dann von der Entscheidung absehen kann, wenn sich der Antrag zur Erledigung im Strafverfahren nicht eignet; oder die Ablehnung dieses Verfahrens von Seiten der Anwaltschaft wegen einiger für sie nachteiliger Bestimmungen, wie kein Anwaltszwang und die Möglichkeit, nur die Hälfte der sonstigen Gebühren gemäß § 89 BRAGO zu erheben [105].

4.2.3. Reformbedürfnis der bisherigen aktiven Beteiligungsrechte des Verletzten

Um die allmählich schwach gewordenen aktiven Beteiligungsrechte des Verletzten zu reaktivieren, sind eine Reihe von neuen Reformvorschlägen eingebracht worden, die die bestmögliche Opferperspektive betonen woll-

---

103 AK-StPO-Rössner 1996, vor § 374-406h Rdnr. 9.
104 AK-StPO-Rössner 1996, vor § 403 Rdnr. 4.
105 Roxin 1995, § 63 Rdnr. 1.

ten. Die Alternativkonzepte orientieren sich überwiegend am herkömmlichen Sühne- und Adhäsionsverfahren [106], da diese Verfahrensarten den Gedanken der Wiedergutmachung, also Konfliktregelung und materielle Schadensregulierung, überlagern. Um einem opferbezogenen Strafverfahren gerecht zu sein, empfiehlt es sich, die traditionell friedensstiftenden Instrumente in den Täter-Opfer-Ausgleich, nämlich §46 a StGB, zu integrieren. Das Bedürfnis der einheitlichen Regelung der konfliktsbeseitigenden Institute betrifft vor allem das Sühneverfahren, das bei Bagatelldelikten die gleiche Funktion wie die Tatwiedergutmachung hat.

Dagegen ist jedoch zu beachten, das bisherige Adhäsionsverfahren und das jetzige System der Tatwiedergutmachung im Sinne von § 46 a StGB zu integrieren. Die beiden Institute sind der Intention der Norm nach miteinander gleich in dem Punkt, dass sie der Entschädigung des Opfers dienen. Da aber die Wiedergutmachung infolge eines Täter-Opfer-Ausgleichs auf der Seite des Opfers von der Mitwirkungsbereitschaft des Täters abhängig ist, könnte eine Vereinheitlichung des Adhäsionsverfahrens und des Täter-Opfer-Ausgleichs für das Opferinteresse nicht Genüge getan werden. Bei der Nichtrealisierung des Täter-Opfer-Ausgleichs, z.B. wegen der Mitwirkungsverweigerung, sollte daher dem Opfer eine andere legitime Möglichkeit eingeräumt werden, im Strafverfahren seinen Schadensersatzanspruch möglichst schnell durchzusetzen. Das Adhäsionsverfahren sollte im geltenden Gesetz verbleiben [107], doch bedarf es einer opferfreundlichen Auslegung und Ausgestaltung dieses Verfahrens [108], um das tote Recht wiederzubeleben.

4.3. Symbolische Wiedergutmachung als Privilegierungsmittel des Täters?

Soweit die symbolische Wiedergutmachung auch im persönlichen Ausgleichsverfahren mit der Form einer Entschuldigung oder gemeinnütziger Arbeit nach Wunsch des Opfers verbunden ist, liegt es nahe, dass sie zum Abbau der subjektiv emotionalen Verletzung des Opfers beiträgt. Die zwi-

---

106 Vgl. zusammenfassend zu den verschiedenen Reformvorschlägen, AK-StPO-Rössner 1996, vor §§ 374-406h Rdnr. 12. und § 403 Rdnr. 6-11.; vgl. auch Weigend 1989, S. 524-527.

107 Dagegen Weigend 1989, S. 524, der die Abschaffung des Adhäsionsverfahren befürwortet.

108 Vgl. dazu Rössner/Klaus 1998_a, S. 162-164.

schenparteiliche Vereinbarung dient zuerst der Förderung der Autonomie und damit der Verringerung der Vergeltungsbedürfnisse des Opfers. Nicht zuletzt ermöglicht sie, die im Wege des zivilrechtlichen Vergleichs zwischen Zivil- und Strafrecht möglicherweise bestehende Kluft zu überbrücken. So hat dieses Modell den besonderen Vorteil, dass die Schwierigkeit der Justiz bei der Beurteilung, ob überhaupt die erbrachte Wiedergutmachungsleistung vollständig ist, beseitigt werden kann. Eine Vereinbarung über eine symbolische Leistung und dadurch Befriedigung des Opfers kann schließlich als erfolgreiche Konfliktlösung zwischen beiden Parteien angesehen werden. Freilich ist zuzugeben, dass die symbolische Wiedergutmachung nicht in vollem Umfang dem Opferschutz dient, sondern auch der Berücksichtigung des Nachtatverhaltens des Täters ein Gewicht verleiht. Sie kann insoweit als eine verbundene Reaktionsform bezeichnet werden, die zugunsten der beiden Beteiligten Anwendung finden soll.

Gegen die täterorientierte Natur der symbolischen Wiedergutmachung wird der Einwand erhoben, dass es sich bei der Wiedergutmachung nicht primär um Opferschutz handele, sondern eher darum, das Opfer als ein Mittel für die Strafmilderung des Täters zu missbrauchen[109]. Dieser Auffassung ist aber entgegenzuhalten, dass der Tatfolgenausgleich grundsätzlich von der Vereinbarung zwischen Beteiligten ausgeht. Geht man darüber hinaus von dem Ausgleichsgedanken aus, dass es bei der Tatwiedergutmachung nicht ausschließlich um Opferinteressen, sondern um die Idee von konstruktiver Auseinandersetzung des Täters mit der Tat und dem Opfer geht, ist es für den Tatfolgenausgleich nicht entscheidend, welche Leistungen oder gegenüber wem die Leistungen erbracht werden, weil Wiederherstellung des Rechtsfriedens nicht auf einen personalen Ausgleich beschränkt ist. Der Einwand kann außerdem entkräftet werden, wenn man bei der Tatwiedergutmachung auf das Subsidiaritätsgebot abstellt, dass bei Straftaten mit vorhandenem Opfer grundsätzlich eine materielle Wiedergutmachung symbolischer Wiedergutmachung vorgehen soll.

109 Hirsch 1992, S. 70.; ders. 1990_a, S. 383.

ZWEITES KAPITEL: MÖGLICHKEIT UND ANWENDUNG SYMBOLISCHER WIEDERGUTMACHUNG

1. Täter-Opfer-Ausgleich und symbolische Wiedergutmachung bei Straftaten mit direktem Opferbezug

Die Anwendung der symbolischen Wiedergutmachung bei Straftaten mit vorhandenem Opfer setzt eine Verständigung zwischen Täter und Opfer voraus. Diese Konstellation steht mit den Fällen der materiellen Schadenswiedergutmachung im Zusammenhang. Daher soll hier zunächst auf die Begriffsbestimmung des Opfers eingegangen werden, dessen Vorhandensein für den Täter-Opfer-Ausgleich maßgeblich ist. Außerdem gibt es bei Straftaten mit vorhandenem Opfer nicht nur die herkömmlichen zum Täter-Opfer-Ausgleich geeigneten Fälle, sondern auch die Gruppe der Straftaten, in denen allein mit der Strategie des Täter-Opfer-Ausgleichs und der Wiedergutmachung zur konstruktiven Aufarbeitung des Tatunrechts nicht genügend beigetragen wird. In solchen Fällen ist es erforderlich, eine symbolische Wiedergutmachung einzuschalten.

1.1. Begriffsbestimmung des Opfers im Kontext des Täter-Opfer-Ausgleichs

Eine Herleitung des Opferstatus im Sinne des Täter-Opfer-Ausgleichs hat mit der Zielsetzung der persönlichen Ausgleichbarkeit zu erfolgen. Hinter dem Täter-Opfer-Ausgleich steht die Konzeption, dass es bei der strafrechtlichen Tatverarbeitung nicht allein um den abstrakten Rechtsgüterschutz geht, sondern um die konstruktive Bereinigung des durch die Tat entstandenen sozialen Konflikts[110]. Hier soll das Opfer nicht hypothetisch und generalisiert, sondern individuell und personal verstanden werden.

1.1.1. Ansätze der Begriffserklärung eines Opfers in der Viktimologie und dem Strafrecht

Der Begriff „Opfer“ bzw. „Verletzter“ findet sich zuerst in der Strafprozessordnung (§§ 172, 374, 395, 403 StPO) in der Eigenschaft als „Verletz-

110 Meier 1996, S. 440.

ter"[111]. Der in der StPO verwendete Verletztenbegriff ist jedoch nicht einheitlich. Er wird für jede Vorschrift, die an den „Verletzten" anknüpft, entsprechend dem ihr zugrundeliegenden Sinn und Zweck und demzufolge teilweise unterschiedlich definiert. Auch im Strafgesetzbuch[112] ist das „Opfer" ausdrücklich geregelt, eine allgemeine Definition des Opferbegriffes enthalten die Vorschriften jedoch nicht.

In der Viktimologie wird oft eine weite Auffassung des Opferbegriffes vertreten. So kann als Opfer angesehen werden, wer unter einer, gleichgültig welcher, Art von Schädigung, Benachteiligung oder Ungleichbehandlung leidet[113]. Die Viktimologie stellt hier nicht nur auf die Perspektive des Individualopfers ab, sie beschäftigt sich vielmehr auch mit Kollektivopfern, wie sie typischerweise im Bereich der Umwelt- und Wirtschaftskriminalität zu finden sind. *Schneider*[114], der in der Viktimologie eine eigenständige Wissenschaft sieht, geht in diesem Zusammenhang davon aus, dass es sowohl konkrete Opfer gibt, wie Personen (z.B. bei einer Körperverletzung) oder Organisationen (z.B. Unternehmen, bei denen Industriespionage betrieben wurde), aber auch abstrakte Opfer, wie z.B. eine moralische Ordnung, eine Wirtschaftsordnung oder allgemein eine Rechtsordnung, die gefährdet, geschädigt oder zerstört werden können. Diese Opferdefinition birgt allerdings die Gefahr einer uferlosen Ausweitung in sich.

Ein anderer Bestimmungsversuch der Opferdefinition innerhalb der Viktimologie findet sich bei dem Ansatz von *Jung*[115]: „Als definitorischer Näherungswert für den Opferbegriff mag das Betroffensein von einem strafrechtlich relevanten Konflikt gelten". Eine solche Umschreibung deckt auch jene Konstellationen ab, in denen Schäden gerade durch die verfahrensmäßige Aufarbeitung des Konflikts entstehen. Mit der Formulierung der Straftat als Konflikt wird die Aufarbeitung des Unrechts so behandelt, dass der Täter und das Opfer in einem gemeinsamen Kontext stehen und aus diesem heraus Interessen verfolgen. Im Täter-Opfer-Ausgleich werden

---

111 Siehe, zur jeweiligen Bestimmung des Opferbegriffs in der StPO, AK-StPO-Rössner 1996, § 374 Rdnr. 7., § 395 Rdnr. 5-9.; § 403 Rdnr. 1-5.

112 So z.B. §§ 66 Abs. 1 Nr. 3., 177 Abs. 3., 194 Abs. 2., 239a Abs. 2 und 3., bei denen man den Begriff „Opfer" verwendet.; §§ 77., 226a., 247., die von dem „Verletzten" sprechen.; §§ 5 Nr. 8., 175 Abs. 2 Nr. 2., bei denen von demjenigen, „gegen den die Tat begangen wird" bzw. „gegen den sich die Tat richtet" die Rede ist.

113 Schneider 1998, S. 406.

114 Schneider 1987, S. 775.; ders. 1998, S. 406.

115 Jung 1993, S. 583.

die strafrechtlichen Konflikte in der Folge einer Straftat als Chance und Ausgangspunkt für mögliche positive Veränderungen gesehen.

Die von der Viktimologie ausgehende Begriffsbestimmung des Opfers bietet jedoch nur grobe Anhaltspunkte für die Erklärung der Opferbestimmung, nämlich dass die Straftat im Sinne des materiellen Strafrechts den zwischenmenschlichen Konflikt darstellt. Es fehlt jedoch bei den viktimologischen Ansätzen am Maßstab, mit dem man die konkrete Opfereigenschaft im Sinne der jeweiligen Strafrechtsnorm ermitteln kann. Für die Gewinnung eines konkreten Opferstatus bedarf es noch weiteren Eingehens auf die an jeweiligen Strafrechtsnormen orientierten Sichtweisen. Gefragt wird in diesem Zusammenhang, inwieweit der durch die Straftat verletzte Rechtsgutsträger personalisiert werden kann, da ein Täter-Opfer-Ausgleich sinngemäß eine kommunikationsfähige Partei voraussetzt.

Anders als das weite Verständnis des Opferbegriffs in der Viktimologie geht das strafrechtliche Verständnis von dem engen Opferbegriff aus, der dem Rechtsgutgedanken zugrunde liegt: Nach allgemeiner Auffassung kommt als Opfer derjenige Rechtsgutträger in Betracht, der durch die schädigende Handlung in einem seiner Rechtsgüter verletzt ist. Welche Rechtsgüter das Strafrecht dabei in Schutz nehmen will, ergibt sich aus den einzelnen Straftatbeständen. Durch die Verwirklichung eines strafrechtlichen Tatbestands werden die vom Strafrecht geschützten Rechtsgüter verletzt bzw. gefährdet. Der Rechtsgüterschutz schließt gleichzeitig den Schutz des Rechtsgutsträgers mit ein.

Dabei wird gegen den am Rechtsgut orientierten Ansatz der Zweifel erhoben, ob es sich bei dem geschützten Rechtsgut um eine „unmittelbare" Beeinträchtigung handeln muss, oder ob eine „mittelbare" reicht. Zu der Frage nach der Reichweite eines Opferbegriffes hat mit Recht *Frisch* [116] einmal festgestellt: Der Opferstatus könne angesichts der Grundfunktion des Strafrechts, des Rechtsgüterschutzes, nur im Sinne einer Einbeziehung in den Schutzzweck der jeweiligen Verbotsnorm charakterisiert werden. Aus der Einbeziehung in den Schutzbereich der jeweils verletzten Verbotsnorm sollen gewisse allgemeine Grundsätze hergeleitet werden: Zunächst fallen in den Schutzbereich des jeweils erfüllten Tatbestands zweifellos alle Personen, die unmittelbar in dem primär geschützten Rechtsgut betroffen sind.

116 Frisch 1974, S. 11.

Zum tatbestandlich geschützten Personenkreis gehören aber auch jene Betroffenen, die in einem vom Tatbestand nur nebenher geschützten Rechtsgut beeinträchtigt sind. Nach diesem Schutzbereichsgedanken kommt es nicht auf die Differenzierung zwischen unmittelbarem und mittelbarem Opfer an. Beispielsweise ist daher festzustellen, dass bei dem Delikt „Geiselnahme“ (§ 239b StGB) sowohl Geisel als auch erpresste Person als das die Wiedergutmachung erwartende Opfer in Betracht kommen, da auch die erpresste Person strafrechtlich schützenswürdig und damit ausgleichsfähig ist. Außerdem sind z.B. bei Tötungsdelikten nahe Angehörige oder Hinterbliebene als Opfer anzusehen.

1.1.2. Opfer als Institution

Tritt eine Institution z.B. Kaufhaus AG, als Rechtsgutverletzter in Erscheinung, taucht das Problem auf, ob der Konflikt zwischen Individuum und Institution durch interpersonales Aushandeln gelöst werden kann. Denn es fehlt bei der juristischen Person an sich an emotionaler Empfindlichkeit und damit an einem herkömmlichen Opferstatus, welcher die Einzelperson charakterisiert. Diesbezüglich hat *Meier* darauf hingewiesen, dass sich die Opfereigenschaft juristischer Personen auf die Delikte beschränken soll, bei denen ein personales Opfer deutlich erkennbar ist, wie z.B. der überfallene, seinen Einzelhandelsladen als GmbH betreibende Geschäftsführer [117]. Nach dieser Auffassung sind daher aus einer Teilnahme am Täter-Opfer-Ausgleich nur diejenigen Opfer ausgeschlossen, die als anonyme Vertreter der Verletzteninteressen anzusehen sind, wie etwa der Vorstandsvorsitzende einer Kaufhaus AG [118].

Zwar ist bei der Institution die personale Opfereigenschaft verflüchtigt, die Anhaltspunkte für die Ausdehnung des Opferbegriffes unter Berücksichtigung des Schutzbereichsgedankens können jedoch auf die Opfereigenschaft der juristischen Person übertragen werden. Darüber hinaus sind die Ausgleichsverhandlungen durch Vertreter möglich und die Institutionen bei Individualrechtsgütern ohne weiteres als Empfänger der Wiedergutmachungsleistung geeignet. Es ist deshalb nicht zu rechtfertigen, die Opfereignung der juristischen Personen zu verneinen, und damit dem aus-

117 Meier 1996, S. 439 f.; ders. 1999, S. 9.; U. Hartmann 1995, S. 58.
118 Meier 1996, S. 439.

gleichswilligen Täter die Ausgleichsmöglichkeit abzusprechen [119]. Soweit es in der Institution einen Ansprechpartner gibt, der über einen Verhandlungsspielraum verfügt und zur persönlichen Begegnung mit dem Täter bereit ist, würden sich daher Täter und ein Vertreter des Opfers mit der Tat und Tatfolgen konfrontieren.

1.1.3. Personalisierbarkeit der Gefährdungsdelikte bei Individualrechtsgütern

Die Individualrechtsgüter werden auch durch die abstrakten Gefährdungsdelikte geschützt, zu deren Tatbestand nicht der Eintritt eines konkreten Verletzungserfolgs gehört, die aber nach der gesetzgeberischen Zielsetzung durchaus auch den Schutz von Individualinteressen zum Ziel haben. Beispielhaft genannt wird der Kapitalanlagebetrug im Sinne des § 264 a StGB, dessen Typ des Straftatbestands als ein abstraktes Gefährdungsdelikt ausgestaltet ist. Aber auch der strafbare Versuch bei Individualrechtsgütern gehört zur Kategorie der Gefährdungsdelikte.

Ob bei einem abstrakten Gefährdungsdelikt ein Rechtsgutsträger personalisierbar ist, hängt in der Regel vom Rechtsgut ab, um dessentwillen die gefährliche Handlung verboten ist. Zielt die Norm aber auf den Schutz von Individualrechtsgütern ab, dann ist jeder, dessen Rechtsgut in den Gefährdungsbereich gelangt, Opfer: Denn durch die bedrohende Gefahr wird der Rechtsgutsträger dermaßen betroffen, dass er psychische oder psychosomatische Beeinträchtigungen davon trägt [120], obwohl kein unmittelbarer Angriff auf das konkrete Objekt des Rechtsgutes vorliegt. Aus dieser Sicht ist das Opfer bei Gefährdungs- und Versuchsdelikten als diejenige natürliche und juristische Person zu definieren, die nach der Vorstellung des Täters dem Verletzungsrisiko ausgesetzt war. Es darf demnach die Opfereigenschaft bei Individualrechtsgütern nicht davon abhängig gemacht werden, dass ein materieller Schaden „tatsächlich" entstanden ist. Vielmehr muss die Gefährdung einer Rechtsposition als ausreichend angesehen werden.

119 Vgl. zu den Modellprojekten, Bannenberg 1993, S.262.m.w.N.
120 Frehsee 1987, S. 156.

1.2. Rechtsfolge nach der Wiedergutmachung

Als Rechtsfolge nach einer Wiedergutmachung kommt je nach dem Maß des wiederhergestellten Rechtsfriedens Absehen von Strafe oder Strafmilderung in Betracht. In dieser Rechtsfolgenentscheidung wird insbesondere die Frage gestellt, ob allein mit einer symbolischen Wiedergutmachung (z.B. Entschuldigung) die Rechtsfolgenhonorierung möglich ist.

1.2.1. Absehen von Strafe bei leichten und mittelschweren Straftaten

Das Absehen von Strafe als strafrechtliche Rechtsfolge ist ein Schuldspruch ohne Strafausspruch. Mit diesem Rechtsinstitut wird die Verbindung zwischen der schuldhaften Begehung einer Straftat und der Bestrafung des Täters durchbrochen. Dem Absehen von Strafe liegt der Gedanke zugrunde, dass das tatbestandsmäßige Unrecht auf jeden Fall festgestellt werden muss, aber das schon begangene Unrecht im Einzelfall weit unterhalb des Normalmaßes liegen kann etwa durch nachträgliche Bemühung des Täters um die Schadensregulierung. Auf der anderen Seite kann auch die Durchführung des Strafverfahrens und der formelle Schuldspruch eine durchaus spürbare Reaktion des Staates auf die Tat darstellen [121]. Es markiert also die Untergrenze der Sanktionierung in Fällen, in denen Unrecht oder Schuld stark gemindert sind oder in denen es aus besonderen Gründen an der Notwendigkeit einer Sanktion zur symbolischen Zurückweisung der Normverletzung oder zur Einwirkung auf den Täter fehlt. Die Figur des Absehens von Strafe ist also ein weiterer Bestandteil der positiven Generalprävention. Im geltenden Recht wird sie häufig in Fällen mit einem geringen Unrechts- oder Schuldgehalt [122] oder einer tätigen Reue nach vollendeter Tat angewandt. Eine eigenständige Bedeutung des Absehens von Strafe im Sanktionsrecht findet sich im § 60 StGB, wonach von der Strafe dann abgesehen werden kann, wenn den Täter die Tatfolgen so schwer getroffen haben, dass er im Sinne einer „poena naturalis" hinreichend bestraft ist.

Der Anwendungsbereich des Absehens von Strafe ist nur in den Fällen möglich, in denen der Täter ohne die Wiedergutmachung eine Freiheitsstrafe von nicht mehr als einem Jahr verwirkt hätte. Die Notwendigkeit dieser

---

121 Jescheck/Weigend 1996, S. 862.
122 Beispielsweise §§ 139 Abs. 1, 157 Abs. 1 und 2, 175 Abs.2 Nr. 1 und 2 StGB

fiktiven Strafmaßkalkulation von einem Jahr ergibt sich aus dem Gebot der Rechtssicherheit, da auch im Bereich der Strafzumessung das rechtlich gebundene Ermessen abgesichert werden muss. In diesem Zusammenhang gibt es im AE-WGM, der für die Gesetzgebung des jetzigen § 46a StGB einen entscheidenden Anlass gegeben hat, gewisse Hinweise für die Begrenzung der Tatschwere, bei der bei vollständiger Wiedergutmachung von Strafe abgesehen wird: Nach § 4 Abs. 1 AE-WGM soll dem Täter eine Strafbefreiung, und zwar in Form des Absehens von Strafe, obligatorisch gewährt werden, wenn der Täter seine Tat wiedergutgemacht hat, es sei denn, dass eine Bestrafung zur Einwirkung auf den Täter oder auf die Allgemeinheit unerlässlich ist. Die „Unerlässlichkeit einer Strafe" ist in der Regel nur anzunehmen, wenn der Täter ohne die Wiedergutmachung eine Freiheitsstrafe von mehr als einem Jahr verwirklicht hätte [123].

1.2.2. Strafmilderung bei schweren Straftaten

In den Fällen, in denen sich zwar der Täter und das Opfer über die zu erbringende Wiedergutmachung geeinigt haben und die vereinbarte Leistung erbracht wird, der Rechtsfrieden jedoch nur durch eine Bestrafung wiederhergestellt werden kann, kommt in der Regel eine Strafmilderung in Betracht. Bei dieser Erforderlichkeit der Bestrafung trotz der Erbringung der Wiedergutmachungsleistung handelt es sich überwiegend um schwere Delikte. Eine Unvollständigkeit des Tatfolgenausgleichs liegt auch in Fällen vor, in denen die vom Täter erbrachte Wiedergutmachung unzureichend erscheint, um den Schaden zu beseitigen.

Obwohl der Schwerpunkt der Wiedergutmachung als Ersatz der Strafe in der Sanktionspraxis die leichte Kriminalität bis zum Grenzbereich der mittelschweren Delikte ist, ist die Möglichkeit des Tatfolgenausgleichs bei schweren Delikten, bei denen Gewalt gegen eine Person oder Gefahren für Leib oder Leben enthalten sind, nicht generell auszuschließen[124]. Denn die Tatfolgenverarbeitung und Gewährung des materiellen Interesses des Opfers können hier besonders wichtig sein. Beachtet werden soll daher, dass der Täter-Opfer-Ausgleich sinnvollerweise nicht für bestimmte Deliktskategorien auszuschließen ist [125]. Diese Annahme wird verdeutlicht, wenn

---

123 Baumann u.a. 1992, S. 52.

124 Dagegen Tröndle 1997, § 46a, Rdnr. 3 f.

125 Vgl. auch LG Postdam, Beschluß v. 5. 12. 1997 – NJ 1998, 214. Nach dieser Rechtsprechung kann auch bei nicht unerheblicher Schwere der Tat die Strafe nach

man von den empirischen Ergebnissen der Modellprojekte ausgeht: Der Anteil der Gewaltdelikte an den bisher durchgeführten Täter-Opfer-Ausgleich-Fällen erreichte 73 %[126]. Selbst in solch heiklen Deliktsfeldern wie sexuellem Missbrauch von Kindern (§ 176 StGB) oder sexueller Nötigung (§ 178 StGB) gelang in den insgesamt freilich wenigen Fällen eine angemessene und konstruktive Aufarbeitung der Tat.

1.2.3. Grenze der Rechtsfolgenhonorierung bei immaterieller symbolischer Wiedergutmachung

Im Mittelpunkt der Rechtsfolgenhonorierung hinsichtlich erbrachter Wiedergutmachung steht die Frage, ob allein eine immaterielle symbolische Wiedergutmachung zum Absehen von Strafe führen darf, wenn z.B. das Opfer sich allein mit einer Entschuldigung des Täters begnügt hat.

Da die Tatwiedergutmachung einen strafrechtlich eigenständigen Begriff darstellt und nur im strafrechtlich kontrollierten Rahmen ihre Bedeutung erlangen kann, sollte bei der Vereinbarung über die zu erbringende Leistung eine angemessene Grenze gesetzt werden. Denn wenn der Täter infolge der Leistungsabsolution aufgrund Vereinbarung von Bestrafung befreit würde, stünde dies mit dem als selbständiges Interesse des Strafrechts zum Ausdruck kommenden staatlichen Strafanspruch im Widerspruch. Eine Rechtfertigung der Befreiung von Bestrafung aufgrund der Entschuldigung oder anderer immaterieller Leistungen beschränkt sich daher nur auf die Kleinkriminalität, in der die Schwere der Tat nur bis hin zu einem Jahr Freiheitsstrafe rechtfertigen würde. Bei solchen Straftaten soll der Strafanspruch möglichst hinter der beiderseitigen autonomen Entscheidung zurückzutreten. Im mittelschweren Kriminalitätsbereich geht dagegen der staatliche Strafanspruch dem Interesse der Beteiligten vor: Daher muss der Täter bei mittelschweren Straftaten trotz einer Befreiung von oder Kürzung der Leistungsverpflichtung aufgrund der Vereinbarung mit dem Opfer eine weitere symbolische Wiedergutmachungsleistung erbringen, um den befreiten oder gekürzten Leistungsteil zu kompensieren und in den Genuss von strafmildernden oder strafbefreienden Rechtsfolgen zu kommen.

---

§§ 46a, 49 StGB gemildert werden, wenn ein sachkundig vermittelter erfolgreich durchgeführter Täter-Opfer-Ausgleich vorliegt und der aufgrund der strafbaren Handlung eingetretene materielle Schaden ersetzt wird.

126 Hartmann/Stroezel 1998, S. 160-166.

1.3. Geeignete Leistungsformen nach den einzelnen Straftaten

Welche symbolische Leistungsform für den Tatfolgenausgleich passend ist, soll der Individualprävention entsprechend je nach der Situation und Konstellation der strafrechtlichen Konflikte bestimmt werden.

1.3.1. Alltagskriminalität

Nach allgemeiner Auffassung [127] eignet sich der Täter-Opfer-Ausgleich für Alltagskriminalität, bei der in der Regel nach der materiellen und symbolischen Wiedergutmachung gerade die Einstellung des Verfahrens bzw. das Absehen von Strafe möglich ist. Was man aber unter Alltagskriminalität verstehen kann, ist im Schrifttum nur wenig konkretisiert.

Nach *Pelikan* [128] umfasst der Begriff der Alltagskriminalität drei strafrechtlich relevante Konflikte: Stress-, Status- und Interessenkonflikte. Unter „Stresskonflikten“ versteht man die Auseinandersetzungen im Straßenverkehr. Ebenso kann Stress die Ursache für ungewöhnlichen Alkoholgenuss sein, der zu Fehlhandlungen führt. Da Stressfaktoren im Allgemeinen bei bestehenden Divergenzen nur als Auslöser fungieren, ist diese Kategorie etwas unscharf. Stressfaktoren entfallen jedoch und können bewusst werden. Ein Konfliktverursacher kommt wieder zur Besinnung, weshalb er im Nachhinein Zweifel an der Richtigkeit seines Verhaltens entwickelt. Aus diesem Grund sind Stressfaktoren ein deutlicher Indikator für die Möglichkeit einer Einigung im Täter-Opfer-Ausgleich.

„Statuskonflikte“ bezeichnen konflikthafte Ereignisse, bei denen Probleme der Selbstdarstellung, der Ehre und des Sich-Behauptens im Vordergrund stehen oder hinter der Konfliktsituation sichtbar werden. Auch Statuskonflikte sind für eine Vermittlung geeignet. Wenn ein „Statuskampf“ hinzukommt, ist jedoch ein besonderes Maß an professionellem Geschick erforderlich, damit beide Teile ihr Gesicht wahren können.

Der Kategorie „Interessenkonflikte“ sind Konflikte zuzuordnen, bei denen es um die Verteilung materieller Ressourcen geht. Ökonomisch motivierte

127 Bannenberg 1993, S. 216.; Rössner 1995, S. 166, 169.; Rössner/Klaus 1998, S. 107.; Hartmann/Stroezel 1998, S. 160-162 und (dort Tabelle 13).
128 Pelikan 1994, S. 195.

Straftaten können im Täter-Opfer-Ausgleich nur insoweit eine Regelung erfahren, als sich mit dem Konflikt auch ein Annährungsbedürfnis der Parteien verbindet.

Die oben angeführte Alltagskriminalität kann konkret durch folgende Straftaten kategorisiert werden: Beleidigung (§§ 185 ff StGB), Eigentums- und Vermögensdelikte (§§ 242, 246, 248 b, 263, 266 StGB), Sachbeschädigung (§ 303 StGB). Diese Straftaten, die unter Erwachsenen begangen werden, erscheinen für einen Täter-Opfer-Ausgleich geeignet. Dies gilt aber auch für diejenigen Gruppen der Gewaltkriminalität wie Körperverletzung (§§ 223, 230 StGB), Freiheitsberaubung (§ 329 StGB) und Nötigung (§ 240 StGB), bei denen die Tat Ausdruck einer einmaligen Entgleisung des ansonsten unauffälligen und sozial integrierten Täters ist, was etwa dann der Fall ist, wenn die Tat einen stark situationsbezogenen Charakter trägt [129].

Die Eignung dieser Straftaten für den Täter-Opfer-Ausgleich wurde auch von den Ergebnissen der bisherigen empirischen Modellprojekte bewiesen, wobei ein breites Spektrum von Fällen in einen Ausgleichsversuch einbezogen wurde. Damit soll die mittelschwere Kriminalität der ganzen Vermögens- und Eigentumsdelikte sowie Körperverletzungsdelikte der Hauptanwendungsbereich der Tatwiedergutmachung sein. Zugleich kann eine erfolgreich zustande gekommene Tatwiedergutmachung in solchen Bereichen der Kriminalität zum Absehen von Strafe führen, es sei denn, dass die Delikte das Vertrauen in Bestand- und Durchsetzungskraft der Rechtsordnung nachhaltig erschüttern.

Eine häufige Leistungsform in der Alltagskriminalität ist die Entschuldigung, die für die konstruktive Tatverarbeitung zwischen Täter und Opfer eine herausragende Bedeutung hat. Durch sie erhält das Opfer eine Möglichkeit der psychischen Aufarbeitung des Geschehens. Die empirischen Untersuchungen haben erwiesen, dass die Entschuldigungen, die wohl immer mit einem Täter-Opfer-Ausgleich in der einen oder anderen Form verbunden sind, häufig in Kombination mit anderen Leistungen auftreten. Sie werden zum Teil aber auch als selbstverständlich betrachtet und nicht aufgeführt [130]. Die Rolle der immateriellen Entschuldigung in der strafrechtli-

---

129 Meier 1995, S. 436.
130 Hartmann/Stroezel 1998, S. 186.

chen Konfliktaufarbeitung lässt sich somit nicht übersehen, obwohl im Rahmen des Täter-Opfer-Ausgleichs die finanziellen Leistungen eine dominierende Rolle gespielt haben [131].

Außerdem könnte eine persönliche Arbeits- oder Dienstleistung zugunsten des Opfers als Naturalrestitution bei Sachbeschädigung oder als nicht finanzielle Form der Schadensregulierung angesehen werden. So kann der Täter für seinen Tatfolgenausgleich – nach Vereinbarung mit dem Opfer – Gartenarbeiten im Hause des Opfers übernehmen. Dabei ist im Einzelfall zu beurteilen, ob solche Arbeiten eine strafrechtliche Reaktion entbehrlich machen können. Gegebenenfalls kann dies mit einer weiteren Leistung der materiellen Schadenswiedergutmachung kombiniert werden.

1.3.2. Beratungsleistung bei Konflikten im sozialen Nahraum

In den Konflikten, die in einer engen oder längeren persönlichen Beziehung entstanden sind, ist die Vermittlung für den Täter-Opfer-Ausgleich mit Schwierigkeiten verbunden. Als Beispiel seien etwa Gewalt unter Erwachsenen in Paarbeziehungen oder Körperverletzung zwischen Nachbarn genannt. Bei solchen Fällen sind selbst die herkömmlichen Zwangsmittel kaum in der Lage, die Folgen der Tat für das Opfer zu berücksichtigen und eine wirkliche Verhaltensänderung beim Täter herbeizuführen [132]. Die Verhängung von Geldstrafe schmälert zumeist die Familienkasse und trifft Täter und Opfer in gleichem Maße. Selbst die Freiheitsstrafe beeinträchtigt häufig über die damit verbundenen Schwierigkeiten für die Familien auch mittelbar das Opfer [133]. Auf der anderen Seite gehen die Erwartungen des Opfers nicht unbedingt immer in Richtung auf ein herkömmliches Strafverfahren mit den damit verbundenen Reaktionsmöglichkeiten von Geld- oder Freiheitsstrafe. Es erhofft sich vielmehr lediglich irgendeine Form von Hilfe in seiner von Gewalt geprägten Situation [134].

Die bisherigen strafrechtlichen Reaktionen auf Gewalt im sozialen Nahraum erscheinen unbefriedigend: Ein Teil der in Frage stehenden Straftatbestände sind Antrags- oder Privatklagedelikte. Das Antragserfordernis

---

131 Hartmann/Stroezel 1998, S. 188.

132 Vgl. zu Besonderheiten der Gewalt in Paarbeziehungen, Rössner/ Bannenberg 1999, S. 6-12.

133 Beulke 1998, S. 1423.

134 Beulke 1994, S. 363.

bzw. die Verweisung auf den Privatklageweg verlangen vom Opfer eigene Initiative, die aus verschiedenen Gründen (Angst vor entstehenden Kosten, Schwellenangst vor Gerichten etc.) oftmals nicht erfolgt. Die herkömmlichen Reaktionsweisen der Staatsanwaltschaft bei Körperverletzung im sozialen Nahraum bestehen häufig in einer folgenlosen Einstellung oder einer Verweisung auf den Privatklageweg.

Unter diesen Aspekten wurde in dem von *Beulke* eingeleiteten Modellprojekt „Gewalt im sozialen Nahraum“[135] eine konstruktive Möglichkeit zum Tatfolgenausgleich unter dem Aspekt der Reaktionen der Strafverfolgungsbehörde untersucht. Bei diesen Gewalttaten im sozialen Nahraum wurde im Interesse eines verbesserten Opferschutzes zwar das Strafverfahren zunächst eingeleitet, dann jedoch nach Teilnahme des Beschuldigten an einer fünfstündigen Sozialberatung als symbolische Wiedergutmachungsleistung gemäß § 153a StPO eingestellt. Damit verfolgt die Beratungsauflage zwei entscheidende Zielsetzungen: Durch die Beratung wird dem Opfer verdeutlicht, dass es von den Strafverfolgungsorganen nicht im Stich gelassen wird. Gleichzeitig soll beim Beschuldigten möglichst eine durch Beratung initiierte Verhaltensänderung bewirkt werden, so dass zukünftige Gewalttaten vermieden werden können[136].

135 Beulke 1994, S. 361-376.
136 Beulke 1994, S. 362 f.

2. Besondere Fallgestaltungen der symbolischen Wiedergutmachung

Es gibt eine Reihe von Fallgestaltungen, in denen sich hinsichtlich der Berücksichtigung freiwilliger Wiedergutmachung besondere Fragen stellen. Bei solchen Fallkonstellationen handelt es sich vor allem darum, dass der Täter seine Verantwortung nach außen zeigen will, dies jedoch aus irgendeinem Grund nicht möglich ist. Bei der Sanktionierung sollte das Nachtatverhalten des Täters eine angemessene Berücksichtigung gefunden werden, wobei besonders an eine symbolische Wiedergutmachung zu denken ist. Dies ergibt sich aus dem Gesichtspunkt des Strafzwecks, dass bei der Sanktionierung der Wille des Täters, die durch die von ihm herbeigeführten Tatfolgen freiwillig wiederherzustellen, nicht benachteiligt werden darf. Die einzelnen Fallkonstellationen und die denkbaren Lösungen hier in diesem Rahmen aufgezeigt werden.

2.1. Mitwirkungsverweigerung des Opfers

Die Bereitschaft des Opfers, an einem Ausgleichsverfahren teilzunehmen und mitzuwirken, ist für den Tatfolgenausgleich von entscheidender Bedeutung, da es hierbei um Abwägung zwischen der Opferautonomie, die Mitwirkung zu verweigern, und dem Täterinteresse, durch den persönlichen Ausgleich die privilegierenden Rechtsfolgen zu bekommen, handelt.

2.1.1. Mitwirkungsbereitschaft des Opfers

Die Mitwirkungsbereitschaft und deren Verweigerung wurden schon von bisher durchgeführten empirischen Untersuchungen erfasst. Für die Findung einer angemessenen Lösung des gescheiterten Täter-Opfer-Ausgleichs ist daher die Heranziehung der Ergebnisse der empirischen Studien, die durch Vermittler erfolgten, erforderlich. Nach den bisherigen empirischen Untersuchungen über den durch Vermittlung durchgeführten Täter-Opfer-Ausgleich ist die Bereitschaft zur Teilnahme an einem Ausgleichsgespräch auf Täter- und Opferseite in der Regel hoch, wobei sich teilnehmende Opfer im nachhinein mehrheitlich zufrieden zeigen [137].

137 Kilchling 1996, S. 316.

Auf der Täterseite liegt die Mitwirkungsbereitschaft zwischen 80 % und mehr als 90 % [138]. Die Gründe der Täter für die Teilnahme am Ausgleichsverfahren sind an erster Stelle der Wunsch nach Besserstellung im Strafverfahren, gefolgt von Bedauern und schlechtem Gewissen, Reue und Schuldgefühlen gegenüber dem Opfer, Scham und dem Wunsch nach Wiedergutmachung [139]. Auf der anderen Seite sind Gründe für die Ablehnung des persönlichen Ausgleichs auf Täterseite unterschiedlich: Die Täter lehnten den Täter-Opfer-Ausgleich ab, weil ihnen finanzielle Forderungen zu hoch waren, weil sie ein Mitverschulden der Opfer am Geschehen sahen oder weil sie nicht allein für die Folgen der Tat einstehen wollten, wenn Mittäter zu einem Ausgleich nicht bereit waren [140].

Die tatsächliche Ausgleichsbereitschaft von Opfern ist aber auch sehr hoch. In früheren Untersuchungen hat sich gezeigt, dass auch die Geschädigten in hohem Maß (bis zu 80 %) auf das Angebot eines Täter-Opfer-Ausgleich eingehen [141]. Die Ergebnisse der bundesweiten Täter-Opfer-Ausgleich-Statistik aus dem Jahr 1993 zeigten, dass die Zustimmungsquote bei den beteiligten Projekten zwar etwas niedriger als bei den früheren Modellprojekten, aber immer noch sehr hoch war [142]. Von den Opfern, denen die Teilnahme an einem Täter-Opfer-Ausgleich vorgeschlagen wurde, waren fast 80 % dazu bereit. Von den verschiedenen Deliktsgruppen her betrachtet, ist die Ausgleichsbereitschaft von Opfern bei den Diebstahls- und Sachbeschädigungsdelikten hoch. Auch bei den Körperverletzungs- und Gewaltdelikten besteht eine hohe Ausgleichsbereitschaft. Lediglich bei den Raub- und anderen Verbrechensdelikten liegt sie deutlich unter dem Durchschnitt, was aber immer noch bemerkenswert hoch erscheint [143].

Die Gründe für das Scheitern der Ausgleichsbemühungen auf der Opferseite waren sehr vielschichtig und vom jeweiligen Einzelfall abhängig: Der strafrechtliche Konflikt kann den Opfern so geringfügig erscheinen, dass sie sich die Zeit für ein gemeinsames Gespräch nicht nehmen wollen, gleichzeitig aber aus demselben Grund auch an einem Strafverfahren gegen

---

138 Bannenberg 1993, S. 173.
139 Schreckling 1991, S. 41.; Bannenberg 1993, S. 181 f.
140 Bannenberg 1993, S. 182.
141 Schreckling 1991, S. 40.; Bannenberg 1993, S. 255.
142 Hartmann/Stroezel 1998, S. 174, 199.
143 Hartmann/Stroezel 1998, S. 175.

den Beschuldigten nicht interessiert sind[144]. Außerdem ist die Bereitschaft zur Vereinbarung einer Wiedergutmachungsleistung und zu einem Vermittlungsgespräch stark von der Deliktsart bzw. Deliktsfolge abhängig, so dass das Opfer manchmal ein Genugtuungsbedürfnis hat, den Täter einem formalen Strafverfahren auszusetzen[145]. Vor allem bei Gewalt und Beziehungsdelikten finden sich auf Seiten des Opfers erhebliche psychische Hemmungen gegenüber einer Aussöhnung mit dem Täter[146]. Die Chance des Zustandekommens eines Täter-Opfer-Ausgleichs ist also um so geringer, je besser das Opfer den Täter gekannt und je gravierender das Opfer das Delikt empfunden hat.

In den anderen verweigerten Fällen besteht aber die bemerkenswerte Tendenz, dass viele Opfer sich ganz generell mehr für Wiedergutmachung als für ein konkretes Schlichtungsergebnis mit einem Konfliktregelung oder gar Versöhnung interessieren[147]. Beispielsweise kam im Tübinger Modellprojekt[148] ein hoher Anteil von Wiedergutmachung ohne eine direkte Begegnung zwischen Täter und Opfer unter Einsatz des Vermittlers (Gerichtshelfer) als Ausgleichsbote zustande. So fand lediglich in 14 % der erfolgreichen Ausgleichsfälle eine direkte Begegnung und dadurch ein gemeinsames Gespräch statt. Diese Tendenz der begegnungsfreien Wiedergutmachung könnte der Grundkonzeption des Täter-Opfer-Ausgleichs entgegenstehen, die darin besteht, dass die Kontrahenten in direkten persönlichen Begegnungen das Tatgeschehen umfassend aufarbeiten.

2.1.2. Kriminalpolitische Konsequenz

Aus diesen empirischen Ergebnissen ergeben sich zwei für den Tatfolgenausgleich bedeutende Fallgruppen hinsichtlich der Mitwirkungsverweigerung von Opfern.

Eine Fallgruppe erfasst die Fälle, bei denen die Opfer zwar dem Täter nicht unmittelbar begegnen wollen, aber die Wiedergutmachung wünschen. In solchen Fällen sollte die Möglichkeit im allgemeinen Strafrecht eröffnet werden, dass ein begegnungsfreier Tatfolgenausgleich über einen Aus-

144 Hartmann/Stroezel 1998, S. 179, 199.
145 Bannenberg 1993, S. 181.; auch Hartmann/Stroezel 1998, S. 179.
146 Kilchling 1996, S. 316.
147 Kilchling 1996, S. 316.
148 Rössner 1993, S. 122 f.

gleichsvermittler erfolgen kann[149]. Die Befürchtung, dass der Wunsch nach keiner Begegnung mit dem Täter das wesentliche Merkmal des Täter-Opfer-Ausgleichs beeinträchtigen würde, kann in erwachsenenstrafrechtlichen Konflikten abgeschwächt werden, da es anders als im Jugendstrafrecht, wo das Vermittlungsgespräch zentraler Bestandteil des Täter-Opfer-Ausgleichs ist, bei vielen Erwachsenen nur einer begleitenden Hilfe des Vermittlers bedarf[150].

Bei der anderen Fallgruppe geht es darum, dass dem Opfer, z.B. wegen seines Genugtuungsinteresses weder Kontaktaufnahme noch indirekte Begegnung durch Vermittler zugemutet werden kann. Soweit eine Kontaktaufnahme bereits vom Opfer abgelehnt wird, erübrigt sich ein Ausgleichsgespräch, das einen konstruktiven Tatfolgenausgleich zustande bringen soll. Bei solchen Fällen bleibt das weitere Verfahren dem Ermessen von Staatsanwaltschaft und/oder Gericht überlassen. Es wird dann in das Dilemma geraten, dass die Willkür des Opfers einerseits eingedämmt werden soll und andererseits sein Wunsch respektiert werden muss[151]. Aber auch die autonome Handlung des Täters zur Wiederherstellung des Rechtsfriedens soll berücksichtigt werden. Es ist für die Strafjustiz eine schwierige Aufgabe, den Balanceakt zwischen sensibler Anregung zur Reflexion und Respekt vor den Wünschen des Opfers zu bewältigen[152].

2.1.3. Lösungswege beim Fall der Mitwirkungsverweigerung des Opfers

Im Hinblick auf die Rücksichtnahme der Verweigerungsfreiheit des Opfers einerseits und des sühnenden Verhaltens des Täters andererseits dürften hier wohl drei Lösungswege möglich sein.

2.1.3.1. Tatfolgenausgleich ohne Leistungserbringung?

Bei einem gescheiterten Täter-Opfer-Ausgleich denkt man zuerst an den Lösungsweg, in dem allein durch die Bemühung des Täters um Ausgleich ihm ein privilegierender Rechtsfolgengenuss gewährt werden kann. Von diesem Lösungsweg geht auch das geltende Recht, nämlich §§46 Abs. 2 S. 2 und 46a StGB aus, wonach im Verweigerungsfall nur ein ernsthaftes

---

149 Rössner 1993, S. 123.; auch Schöch 1993, S. 364.
150 Rössner 1993, S. 123.
151 Frühauf 1988, S. 195 f.; Bannenberg/Uhlmann 1998, S. 32.
152 Bannenberg/Uhlmann 1998, S. 32.

Bemühen des Täters um die Tatwiedergutmachung strafmildernd nach § 49 Abs. 1 StGB zu berücksichtigen ist oder mit einem Absehen von Strafe zu honorieren ist. Dieser Gesichtspunkt findet sich zuerst in dem durch das Opferschutzgesetz eingefügten § 46 Abs. 2 StGB. Dieser regelt das Bemühen des Täters, einen Ausgleich mit dem Verletzten zu erreichen, und sieht hierin ein strafmildernd wirkendes Element. Aber auch der neulich geschaffene § 46a Nr. 1 StGB folgt dem Lösungsgang des § 46 Abs. 2 StGB; Dadurch, dass man das bloße ernsthafte Bemühen um Täter-Opfer-Ausgleich für ausreichend hält, soll dem Täter eine realistische Chance eingeräumt werden, in den Genuss der Rechtsfolgen des § 46a StGB zu gelangen [153]. Zwischen beiden Vorschriften besteht aber insofern ein Unterschied, als § 46a StGB eine höherwertige Rechtsfolge als §46 Abs. 2 Satz 2 StGB gewährt. So ermöglicht gemäß § 46a StGB ein ernsthaftes Bemühen um Ausgleich ein Absehen von Strafe oder zumindest eine Strafrahmenverschiebung nach § 49 StGB.

Das Modell des geltenden Rechts ist ein täterfreundlicher Lösungsversuch und insofern vorteilhaft, als unter dem präventiven Aspekt die autonome Handlung des Täters mit Privilegierung honoriert wird. Es wirkt sich jedoch in dem Sinne nachteilig aus, dass man Verweigerung des Opfers pauschal bewertet, so dass das Genugtuungsinteresse des Opfers keine Berücksichtigung findet.

Freilich ist das Genugtuungsinteresse des Opfers nicht intendiertes Ziel des Strafanspruchs, sondern lediglich ein Nebeneffekt staatlichen Handels. Gleichwohl darf die Strafjustiz nicht unabhängig von Opferbelangen das Strafverfahren durchführen. Sie soll die Interessen des Opfers in höchstmöglichem Maße gewähren, weil seine Befriedigung durch das Genugtuungsinteresse auch zur Wiederherstellung des Normvertrauens dient.

Darüber hinaus es wäre aus Opfersicht unverständlich, wenn der Täter allein durch sein ernsthaftes Bemühen um Tatwiedergutmachung die Strafmilderung oder sogar das Absehen von Strafe erreichen könnte, da in solchen Fällen die Tat nicht wiedergutgemacht ist und damit kein Rechtsfrieden eingetreten ist. Das Opfer müsste sich in solchen Fällen für eine Straflosstellung des Täters instrumentalisiert fühlen.

153 Bundestagsdrucksache 12/6853, S. 21.

2.1.3.2. Das Ausweichen auf die symbolische Wiedergutmachung

Der davon abweichende Lösungsversuch ist eine Umleitung auf die symbolische Wiedergutmachung. Dieser Weg wird auch von AE-WGM empfohlen; Der Verweigerungsfall des Opfers stelle „keinen Erfolg“ eines Ausgleichs im Sinne von § 1 Abs. 1 S. 3. AE-WGM dar [154]. In dieser Fallkonstellation soll freilich symbolische Wiedergutmachung eingesetzt werden, aber sie darf nicht beliebig angewandt werden: „Je unzumutbarer dem Opfer bei verständiger Würdigung ein Ausgleich mit dem Täter ist, desto weniger reicht symbolische Wiedergutmachung aus, um den Rechtsfrieden wiederherzustellen“ [155]. Unter dieser Differenzierung könne sie nur in Fällen der Kleinkriminalität angewandt werden, in denen die vollständige Absage der Mitwirkung am Ausgleichsverfahren nicht nachvollziehbar seioder gar schikanös erscheine, z.B. bei Sachbeschädigung oder kleinen Vermögensdelikten [156]. Dieser Ansatz trägt schließlich dem berechtigten Genugtuungsinteresse des Opfers Rechnung. Die symbolische Wiedergutmachungsleistung sei demgegenüber bei schweren Straftaten ausgeschlossen, da es bei diesen Delikten um eine subjektiv als schwer empfundene Rechtsgutsverletzung handele, auf die das Gericht Rücksicht nehmen müsse. Die symbolische Wiedergutmachung bei schwere Straftaten könne nur im Rahmen des § 46 StGB strafmildernd berücksichtigt werden [157].

Für die sachgerechte Lösung des Verweigerungsfalls ist die Umleitung auf die symbolische Wiedergutmachung grundsätzlich angebracht: Denn die Erbringung einer symbolischen Wiedergutmachungsleistung kann mittelbar mit den Genugtuungsinteressen des Opfers mehr korrespondieren, als der Fall einer bloßen Straffreiheit durch begegnungsfreie Wiedergutmachungsbemühung. Unzutreffend ist jedoch, dass sich die Möglichkeit der Umleitung auf die symbolische Wiedergutmachung nur auf Bagatelldelikte beschränkt. Die Einschaltung der symbolischen Wiedergutmachung bei Kleinkriminalität könnte einen „net-widening-Effekt“ hervorrufen. Die Anwendung der symbolischen Wiedergutmachung soll m.E. bis hin zu mittelschweren Straftaten erweitert werden. Diese Annahme ergibt sich vor allem aus § 153a StPO, dessen Anwendungsbereich sich auch auf die mit-

154 Vgl. Baumann u.a. 1992, S. 41 f.; Schöch 1992, S. 67.
155 Schöch 1992, S. 67.
156 Schöch 1992, S. 67.; auch ders. 1993, S. 364.
157 Schöch 1992, S. 67.

telschweren Straftaten erstreckt und wonach dem Täter ohnehin die symbolische Wiedergutmachungsleistung auferlegt werden kann.

Wenn der Täter in Fällen der Mitwirkungsverweigerung gegenüber Ausgleichsberater, Staatsanwaltschaft oder Richter alle erdenklichen Wiedergutmachungsleistungen angeboten hat, so kann auf symbolische Wiedergutmachung ausgewichen werden. Dabei sollte aber beachtet werden, dass eine notwendige Umleitung auf die symbolische Wiedergutmachung nur dann möglich ist, wenn zumindest der Ausgleich durch den mittelbaren Kontakt mit dem Vermittler erfolglos versucht wurde.

2.1.3.3. Hinterlegung der materiellen Wiedergutmachungsleistung bei Vermittlungsstelle

Im Verweigerungsfall kann man noch an eine weitere Lösung denken, in der der Täter ohne Mitwirkung des Opfers den gesamten Schaden oder die gestohlene Beute durch Hinterlegung bei der Strafverfolgungsbehörde oder einer anderen geeigneten Stelle, wie z.B. einem Vermittler wiedergutmacht [158]. Eine ähnliche Regelung findet sich im Rahmen des § 167 Abs. 3 österreichisches Strafgesetzbuch (öStGB), wonach der Täter nicht zu bestrafen ist, wenn er den ganzen aus seiner Tat entstandenen Schaden im Zug einer Selbstanzeige, die der Behörde (§ 151 Abs. 3. öStGB) sein Verschulden offenbart, durch Hinterlegung bei dieser Behörde gutmacht. Diese Norm gilt für den Fall der Mitwirkungsverweigerung des Opfers.

Die Hinterlegung hat in den Fällen Vorteile, in denen es bei der Bewertung der Wiedergutmachung nicht um die Aussöhnung, sondern nur um materielle Leistungen geht und beide Parteien eine persönliche Begegnung nicht wünschen [159]. So ist in solchen Fällen zwar die Befriedigung des Opfers noch nicht endgültig erreicht, aber der Täter hat eine Leistung erbracht, die geeignet ist, die Auswirkung der Tat zu mindern [160].

158 Brauns 1996, S. 190.
159 Schöch 1992, S. 59.; Brauns 1996, S. 190.
160 Brauns 1996, S. 190 f.

2.2. Übermäßige Anforderungen des Opfers

Als Kehrseite der abgelehnten Mitwirkung des Opfers können seinerseits überhöhte Forderungen bezüglich der Leistungshöhe vorliegen. Eine Wiedergutmachungsleistung wird meistens im Rahmen einer Vereinbarung zwischen Täter und Opfer im Ausgleichsverfahren erbracht. Der Fall der überhöhten Forderung des Opfers setzt deshalb in der Regel implizit eine gescheiterte Vereinbarung voraus. Als Lösungsweg hierfür gilt das gleiche wie für den Fall der Mitwirkungsverweigerung des Opfers. In diesem Fall kann dem Täter durch symbolische Wiedergutmachung eine Gelegenheit eröffnet werden, sein Einstehen für die Tat nach außen zu dokumentieren.

2.3. Bedingungsloses Verzeihen des Opfers

Wie der persönliche Ausgleich erfolgreich zustande gebracht werden kann, hängt im Prinzip von der freien Disposition beider Beteiligten ab. Das Opfer, welches überwiegend finanzielle Schäden erlitten hat, kann sich mit einer Entschuldigung zufrieden geben und damit auf materiellen Schadensersatz verzichten [161]. Das Dispositionsrecht steht dem Opfer nicht in jedem Fall zur Verfügung, da auch bei der Verletzung von strafrechtlich geschützten Individualrechtsgütern stets das allgemeine Interesse an der Normgeltung mit zu bedenken ist. Eine Befreiung des Täters von der Leistungserbringung ist deshalb nur dort gerechtfertigt, wo die verwirklichte Straftat ein Bagatellfall ist, und das allgemeine Interesse an der Verfolgung minimiert wird. Je kleiner das verwirklichte Unrecht ist, desto stärker kann dem Opfer die Möglichkeit eingeräumt werden, nur mit seiner bloßen Entschuldigung Tatfolgen aufzuarbeiten. Daher sollte der Täter in Fällen, in denen die Verantwortung so groß ist, dass eine freie Disposition nicht möglich ist, eine Leistung der symbolischen Wiedergutmachung erbringen können, um dadurch in den Genuss privilegierender Rechtsfolgen zu kommen.

2.4. Versuchstat

Beim Versuchsfall tritt die rechtsfolgenrelevante Diskrepanz deutlich hervor: Während dem Täter, dessen Tatplan gescheitert ist, eine fakultative Milderung nach § 23 Abs. 2 StGB gewährt wird, kann bei dem Täter, der

161 Rössner/Klaus 1998, S. 51.

mit seiner kriminellen Energie das beabsichtigte Ziel erreicht hat, Wiedergutmachung zum Absehen von Strafe führen [162]. Der Unrechtsgehalt beim strafbaren Versuch ist aber nicht so hoch wie bei der vollendeten Straftat. Im Hinblick auf das Gleichbehandlungsgebot darf aber der im Versuchsstadium gebliebene Täter nicht benachteiligt werden [163]. Daher sollte dem Täter eine zwingende Möglichkeit der symbolischen Wiedergutmachung gewährt werden.

Die Wiedergutmachungsrelevanz der Versuchsfälle ist jedoch aufgeteilt in Individual- und Gemeinschaftsrechtsgüter zu untersuchen, weil nur bei bestimmten Versuchsstraftaten die Opfereigenschaft zu erkennen und ein Ausgleich möglich ist. Definiert man den Opferbegriff dahingehend, dass das Opfer durch die Straftat sowohl materiell als auch immateriell bzw. emotional leidet, kann man bei Versuchsstraftaten gegen Individualrechtsgüter eine Opfereigenschaft erkennen: Denn „zwar ist bei Versuchstaten die vom Täter angestrebte Rechtsgutsverletzung beim Opfer gerade nicht eingetreten, doch bedeutet die Kenntnis des anvisierten Opfers von dem Anschlag auf seine Rechtsgüter eine erhebliche emotionale Belastung“[164]. Nach dieser Auffassung des Opferbegriffs ist ein persönlicher Ausgleich und eine Wiedergutmachungsleistung an das Opfer ohne weiteres möglich. Rein symbolische Wiedergutmachung kann nur im Versuchsfall mit Allgemeinrechtsgütern angewendet werden, bei denen es sich um opferlose Straftaten handelt.

2.5. Fall der durch Dritte erfolgten Wiedergutmachung

Die Wiedergutmachung an das Opfer sollte grundsätzlich vom Täter selbst vorgenommen werden, da eine – mehr oder weniger – eigene Leistungserbringung des Täters als ein objektives Merkmal der freiwilligen Verantwortungsübernahme angesehen werden kann. Jedoch wird der Umgang mit der Wiedergutmachung dann schwierig, wenn durch Dritte oder die Versicherung der materielle Schaden abgedeckt wird. Die nicht eigene Leistungserbringung ist teilweise eine Problematik der symbolischen Wiedergutmachung.

---

162 Meier 1996, S. 442.
163 Schöch 1992, S. 66, 74.; auch ders.1993, S. 369.
164 Rössner/Klaus 1998, S. 55.

2.5.1. Wiedergutmachung an das Opfer durch Dritte

Wird die materielle Schadenswiedergutmachung etwa durch Verwandte an das Opfer vorgenommen, stellt sich im ersten Augenblick die Frage, inwieweit die Entschädigungsleistungen Dritter durch Staatsanwaltschafto-der Gerichte zugunsten des Täters berücksichtigt werden können. Die nicht vom Täter geleistete Wiedergutmachung könnte das Bedürfnis des Opfers nach Genugtuung weniger befriedigen, als wenn der Täter selbst an das Opfer leistet. Dies gilt besonders dann, wenn der Täter wohlhabende Verwandte hat, denen die Wiedergutmachung leichtfällt.

Auf der anderen Seite kann die durch die Familie oder Verwandte des Täters geleistete Wiedergutmachung eine positive generalpräventive als auch spezialpräventive Wirksamkeit demonstrieren: Eine Bemühung der Familien oder familienähnlichen Gruppen im Nahraum des Täters um eine materielle Wiedergutmachung an das Opfer wird als Indiz für eine starke Beziehung zwischen dem Täter und den Verwandten angesehen, die dem Täter zu einem künftigen Leben ohne Straftat verhelfen kann. Berücksichtigt man aber auch, dass die Wiedergutmachung an das Opfer durch Dritte häufig in Fällen geschieht, in denen der Täter selbst keine ausreichenden Mittel für die Wiedergutmachung hat, wäre es zugunsten der materiellen Befriedigung des Opfers unerheblich, von wem die Wiedergutmachungsleistung kommt. Die durch Dritte freiwillig geleistete Zahlung der materiellen Wiedergutmachung stellt außerdem für den vergleichbaren Fall, in dem durch Dritte eine Geldstrafe geleistet wird, kein besonderes Problem dar.

2.5.2. Wiedergutmachung und Versicherung

2.5.2.1. Kriminalpolitische Bedeutung der Schadensabdeckung durch Versicherungen

Da bei klassischer Vermögens- und Eigentumskriminalität mit staatlichen Vorbeugungsmaßnahmen nur beschränkt eingriffen werden kann, ist das Ausmaß der Eigenvorsorge etwa durch Versicherung entscheidend für die Opferanfälligkeit. Die Vermeidung des Opferrisikos durch Versicherung kann zunächst in kriminalpolitischer Hinsicht ambivalent beurteilt werden. Daran ist vorteilhaft, dass der Abschluss einer entsprechenden Versicherung für viele Kriminalitätsbereiche das angemessene Mittel ist, um Vorsorge gegen Schäden aus Straftaten zu treffen. Andererseits führt sie zu einer Entpersonalisierung und Entindividualisierung des Opfers und verringert den Motivationsprozess zum persönlichen Ausgleich [165]. Es besteht damit die Gefahr, dass die erfolgreiche Anwendung der strafrechtlichen Wiedergutmachungsregeln beeinträchtigt wird [166].

Gleichwohl kann man nicht davon reden, dass der strafrechtlichen Wiedergutmachung die Versicherungsproblematik schlechthin entgegensteht. Wenn man berücksichtigt, dass die meisten Versicherungen des Täters nur bei Fahrlässigkeitsdelikten zahlen, deren Unrechtsgehalt vergleichsweise geringer ist als bei Vorsatzdelikten, trägt die Versicherung zur unverzüglichen Schadensregulierung bei [167]. Gegen die Bedenken, dass der Täter sich durch die Versicherung freikauft, ist zu sagen, dass dem Täter im einzelnen Versicherungsfall eine immaterielle und symbolische Leistung abverlangt werden kann, um das Freikaufsproblem zu beseitigen.

2.5.2.2. Wiedergutmachung an die Versicherung des Opfers

Geht der durch die Straftat eintretende Ersatzanspruch des Opfers auf die Versicherung über, tritt sie in der Regel durch entsprechende Legalzession an die Stelle des Opfers. Sie erscheint damit selbst geschädigt, da ihr Schaden mit der Straftat in unmittelbarem Zusammenhang steht[168]. Erfüllt der Täter den Regressanspruch der Versicherung, scheint dies dann symbolische Wiedergutmachung zu sein, weil es in diesem Fall bei der Leistungserbringung an einer persönlichen Beziehung zwischen Täter und Opfer fehlt [169]. Nach AE-WGM soll in solchen Fällen schon die Regresserfüllung als Wiedergutmachungsleistung anerkannt werden, vor allem um zu vermeiden, dass der Täter von der Tatsache abhängig ist, ob das Opfer eine Schadensversicherung abgeschlossen hatte oder nicht. Anderenfalls wirkt sich die Versicherung des Opfers für den Täter doppelt belastend aus [170]. Eine zusätzliche Erbringung symbolischer Leistungen gegenüber der All-

165 Schneider 1987, S. 778.; Frehsee 1987, S. 175.

166 Frehsee 1987, S. 175.; Schöch 1992, S. 67.

167 Baumann u.a. 1992, S. 47.

168 Kley-Struller 1993, S. 147.

169 Baumann u.a. 1992, S. 46. AE-WGM bezeichnet diesen Fall dahin, dass er an der Grenze zwischen „echter" und symbolischer Wiedergutmachung stehe.

170 Baumann u.a. 1992, S. 46.; dies gilt auch für den Fall, in dem der Schaden durch Dritte, wie Verwandte oder nahe Angehörige wiedergutgemacht wird. Leistet der Täter später freiwillig Wiedergutmachung an den Dritten, so muss diese Wiedergutmachungsleistung ihm genauso zugute gehalten werden.

gemeinheit ist daher insoweit für den Täter überflüssig. Allerdings ist der Rechtsfolgengenuss der Wiedergutmachung durch Regresserfüllung nur dann zu rechtfertigen, wenn der Täter sich mit dem Opfer am persönlichen Ausgleich beteiligt, so dass er und das Opfer sich mindestens mit dem Tatgeschehen konfrontieren.

Hat die Versicherung aufgrund von Gesetz (wie z.B. § 67 Abs. 2 VVG) keinen Anspruch auf Regress gegen den Täter, ist die Situation für den Täter so, als ob kein Schaden eingetreten wäre. Daher hat er in diesem Fall die Möglichkeit durch symbolische Wiedergutmachung die Tatfolgen auszugleichen. Allerdings kann die Leistung der Versicherung an das Opfer bei dem Umfang der zu leistenden symbolischen Wiedergutmachung zugunsten des Täters berücksichtigt werden [171].

2.5.2.3. Symbolische Wiedergutmachung im Fall der Haftpflichtversicherung des Täters

Der Fall der Haftpflichtversicherung des Täters stellt im Deliktsbereich der fahrlässigen Körperverletzung und der Tötung im Straßenverkehr ein besonderes Problem dar. Da sie Zwangsversicherung ist, steht die Freiwilligkeit der Wiedergutmachung in Frage. Der Schaden wird ohne Zutun des Täters wiedergutgemacht. Die Strafwürdigkeit der Tat könnte nicht beseitigt werden, weil durch die Haftversicherung bloß eine Schadensverlagerung auf den Versicherer vorliegt und damit die schädlichen Gesamtauswirkungen der Tat bestehen bleiben. Fraglich ist daher, ob die Leistung der Haftpflichtversicherung als Wiedergutmachungsleistung anzusehen ist, oder ob eine symbolische Wiedergutmachung des Täters notwendig ist. Soweit, was üblich sein wird, kein Anspruch der Haftpflichtversicherung gegenüber dem Täter besteht, ist es für den Täter, als habe die Tat keinen materiellen Schaden verursacht. Daher muss man ihm entsprechend der Schwere der Straftat die Möglichkeit der immateriellen Leistung oder symbolischen Wiedergutmachung gegenüber der Allgemeinheit geben, wobei sich der Täter natürlich im persönlichen Ausgleich befinden muss [172].

---

171 Baumann u.a. 1992, s. 46.

172 A.A. vgl. SK-Horn 1995, § 46a Rdnr. 6., der in diesem Zusammenhang die Ansicht vertritt, dass es bei Haftversicherungsfall wie in Fahrlässigkeitsfällen an persönlichen Konflikt mangelt und deshalb unter erwachsenen Menschen keiner zusätzlichen Besänftigungsakte des Täters bedarf. Vgl. auch BayObLG, Beschluß v. 17.

Ein weiteres besonderes Problem betrifft den Fall, in dem das Opfer einen Anspruch gegen die Versicherung hat, aber die Versicherung ihn noch nicht entschädigt hat, etwa wegen der langwierigen Auseinandersetzung über das Vorliegen eines Versicherungsfalles. Wenn der Täter inzwischen an das Opfer Ersatzleistungen erbringt, könnte dies gegen das Anerkenntnis- und Befriedigungsverbot verstoßen, wonach der Versicherungsnehmer ohne vorherige Zustimmung des Versicherers einen Haftpflichtanspruch weder ganz noch zum Teil im Vergleichswege anerkennen oder befriedigen darf (§ 154 Abs. 2 VVG in Verbindung mit §6 Abs. 3 VVG). Die Versicherung ist dann von ihrer Zahlungspflicht befreit. Das Risiko der Leistungsbefreiung des Versicherungsgebers könnte dadurch vermieden werden, dass man es bei Vorleistung des Täters zum Genuss der Strafprivilegierung als „offenbare Unbilligkeit"(§ 154 Abs. 2 VVG) beurteilt, vom Täter zu verlangen, wegen des Risikos der Leistungsfreiheit des Versicherers auf die Strafprivilegierung zu verzichten [173]. Leistet die Versicherung dann nach Abtretung der Ansprüche an den Täter, hat der Täter tatsächlich keine Leistung mehr erbracht, folglich muss dieser dann immaterielle oder symbolische Wiedergutmachung erbringen, um in den Genuss der privilegierenden Rechtsfolge zu kommen.

2.6. Wiedergutmachung bei mehreren Tatbeteiligten

Bei mehreren Tatbeteiligten wie Mittätern, Anstiftern und Gehilfen geht es vor allem darum, ob einer der Tatbeteiligten im Rahmen der strafrechtlichen Wiedergutmachung den gesamten Schaden ausgleichen muss oder nur seinen im Innenverhältnis zu tragenden Anteil, damit ihm durch die Wiedergutmachungsleistung eine privilegierende Rechtsfolge zugute kommt. Soweit aber die zu erbringende Leistung zivilrechtlichem Schadensersatz inhaltlich gleichgestellt werden kann, bezieht sich diese Frage unmittelbar auf die zivilrechtliche gesamtschuldnerische Haftung. Nach zivilrechtlicher Regelung ist jeder der Mittäter, Anstifter und Gehilfen als Gesamtschuldner für den durch die Straftat entstandenen Schaden in vollem Maß verantwortlich (§§ 830, 840, 421 BGB). Im Fall der materiellen Schadenswiedergutmachung mit mehreren Tatbeteiligten sollten daher die einschlägigen zivilrechtlichen Regelungen mit berücksichtigt werden.

12. 1997 – 2 StRR 273/99. = NStZ 1998, 356, wobei der Versicherungsfall aus der Anwendung des § 46a StGB ausgeschlossen ist.

173 Schöch 1992, S. 68.; Brauns 1996, S. 185.

Im System der freiwilligen Wiedergutmachung kann es grundsätzlich möglich sein, dass das Opfer in Form von Vereinbarung von jedem Tatbeteiligten anteilig seine Ansprüche verlangt. Man denke aber auch an einen anderen Fall, in dem das Opfer nur von einem der Tatbeteiligten – weil die anderen keine finanzielle Ressourcen haben – Schadensersatz gefordert hat und der in Anspruch genommene Täter diesen Schadensersatz vollständig geleistet hat. Damit wird das materielle Interesse des Opfers befriedigt, jedoch werden die übrigen Tatbeteiligten, die nicht an das Opfer geleistet haben, aus der Möglichkeit der materiellen Wiedergutmachung ausgeschlossen. In diesem Fall können nach der Begründung des AE-WGM [174] die übrigen Mittäter oder Beteiligten, die nicht an das Opfer leisteten, durch symbolische Wiedergutmachung in Form von Entschuldigung oder gemeinnütziger Tätigkeit die privilegierende Rechtsfolge erlangen.

Diese Alternative kann aber denjenigen Tätern, die keine materielle Wiedergutmachung an das Opfer geleistet haben, die doppelte Belastung aufdrängen: Denn sie müssen neben der symbolischen Wiedergutmachung an das Opfer oder die Allgemeinheit auch den Anteil des Schadens ersetzen, der aufgrund des Innenverhältnisses im Sinne des § 426 Abs. 2 BGB auf sie entfällt [175]. Dagegen kann derjenige Täter, der zuerst dem Opfer vollständig geleistet hat, nur mit dieser einmaligen Zahlung die Strafprivilegierung erlangen, ohne dass er die symbolische Leistung erbringt. Diese vermutlich ungerechtfertigt erscheinende Konstellation will *Brauns* [176] vermeiden, indem er auch im Rahmen der strafrechtlichen Wiedergutmachung die zivilrechtliche Regelung der gesamtschuldnerischen Haftung heranzieht, und die aufgrund des Innenverhältnisses anteilig ersetzte Leistung derjenigen Täter, die an das Opfer nicht geleistet haben, gegenüber dem Täter, der an das Opfer leistete, als eine strafrechtliche Wiedergutmachung ansieht.

Die Leistungen, die aufgrund des Innenverhältnisses zwischen Ausgleichpflichtigen erbracht wurden, können jedoch nicht als eine strafrechtliche Wiedergutmachungsleistung angesehen werden, da man in diesen Leistungen keinen Zusammenhang mit dem konkreten Opfer finden kann. Das Gericht und die Staatsanwaltschaft dürfen die strafprivilegierende Priorität des

174 Baumann u.a. 1992, S. 45.
175 Brauns 1996, S. 192.
176 Brauns 1996, S. 193 f.

Täters, der die Wiedergutmachung dem Opfer erbracht hat, nicht vernachlässigen. Denjenigen Tätern, die keine Wiedergutmachung erbracht haben, aber wiedergutmachungswillig sind, bleibt daher nur die Möglichkeit der symbolischen Wiedergutmachung.

3. Symbolische Wiedergutmachung bei Straftaten gegen Gemeinschaftswerte

3.1. Verflüchtigende Opfereigenschaft bei Allgemeinrechtsgütern

Deutlich erkennbar ist in den letzten Jahrzehnten, dass bei Feststellung des strafbaren Verhaltens das Phänomen der Verflüchtigung der erkennbaren Opfereigenschaft zugenommen hat. Der Mangel eines Opferbezugs führt zur Verhinderung der Durchführung eines Täter-Opfer-Ausgleichs.

Die Verflüchtigung der Opfereigenschaft steht mit der Vorfeldkriminalisierung im engen Zusammenhang, bei der es sich um die Vorverlagerung der Gefahrabwehr handelt. Die Vorkriminalisierung ist ein Kernmerkmal des Risikostrafrechts. Man reduziert aber auch die Anforderungen an den Verletzungserfolg bzw. Schadenseintritt und die Kausalität, indem die Tat allein mit Vornahme einer im gesetzlichen Tatbestand beschriebenen Handlung ohne Rücksicht auf ihre konkrete Auswirkung auf ein Schutzobjekt als vollendet gilt. Bei diesen Delikten bleibt die Individualität aller geschützten Personen anonym und die Rechtsgüter werden viel universeller. Dadurch lässt sich mehr und mehr erkennen, dass das Opfer auch aus dem traditionellen Strafrechtsverständnis entfernt ist und dass schließlich die traditionelle Dichotomie von Täter und Opfer das Strafrecht zunehmend schlechter erklären kann. Hier kann in aller Regel keine messbarer, sondern lediglich ein intellektueller Schaden ausschließlich bei Allgemeinrechtsgütern entstehen. Eine Beantwortung der Frage nach der Opfereigenschaft kann daher in diesem Vorfeldstadium der Kriminalität kaum hergeleitet werden.

Gegen die Strömung der Ausgestaltung der (abstrakten) Gefährdungsdelikte sind eine Reihe von Einwänden aus strafrechtlicher Sicht vorgebracht worden. Zum einen soll unter dem Gesichtspunkt des ultima-ratio-Prinzips die Schaffung der abstrakten Gefährdungstatbestände deswegen bedenklich sein, weil sie die Strafbarkeit zu weit ausgedehnt haben, das Rechtsgut möglichst zu schützen, und außerdem weil durch sie konkrete Gefährdungstatbestände ersetzt werden könnten. Zudem besteht die Gefahr der Unvereinbarkeit mit dem Schuldprinzip [177]. *Ransiek* weist schließlich dar-

177 AK-StGB-Hassemer 1990, vor § 1 Rdnr. 400.; SK-Horn 1995, Vor § 306 Rdnr. 15 ff.; Schönke/Schröder/Cramer 1997, Vorbem. §§ 306 ff. Rdnr. 3a f.

auf hin, dass der Verdacht der Unzulässigkeit eines weitergehenden Schutzes aber nur dann gerechtfertigt ist, wenn dem Rechtsgutbegriff ein konkreter Bezug zur tatsächlichen Verletzung persönlicher Interessen verbindlich zugrunde liegt [178].

3.2. Begriffsbestimmung einer opferlosen Straftat

Bei der Bestimmung einer opferlosen Straftat im Kontext der Tatwiedergutmachung ist es bedeutsam, aufgrund welcher Kriterien sie als ein opferloses Delikt anzusehen ist.

3.2.1. Möglichkeit des Täter-Opfer-Ausgleichs bei Allgemeinrechtsgütern

Geht man von der Idee des Täter-Opfer-Ausgleichs aus, in der es sich um eine faktische Verarbeitung des durch die Tat entstandenen sozialen Konflikts handelt, kann auch den gemeinschaftsorientierten Rechtsgütern eine deutliche Opfereigenschaft entnommen werden. Hierzu eigenen sich beispielsweise die Aussagedelikte (§§ 153 ff StGB), die als Straftaten gegen Allgemeinrechtsgüter zu bezeichnen sind. Primär geschützt ist hier zwar die Rechtspflege, unmittelbaren Nutzen von der Wahrheitsfindung und Entscheidungsrichtigkeit haben aber die Verfahrensbeteiligten wie z.B. die Parteien im Zivilprozess. Dies gilt auch für die falsche Verdächtigung (§ 164 StGB), bei der auch das allgemeine Persönlichkeitsrecht des falsch Verdächtigten geschützt werden soll. Unter diese Kategorie fallen schließlich eine Reihe von Gefährdungsdelikten [179], bei denen neben der Gemeinschaft auch die in den einzelnen Vorschriften genannten Rechtsgüter von Leib, Leben und Eigentum geschützt sind. In diesen Fällen lässt sich das Opfer erkennen und zwischen den Beteiligten ist eine interpersonelle Konfliktverarbeitung möglich. Damit können der Täter-Opfer-Ausgleich und die Wiedergutmachung grundsätzlich in Gang gebracht werden.

In Frage gestellt werden soll aber, ob die öffentlichen Institutionen im Zusammenhang mit den Allgemeinrechtsgütern personalisierbar sind, damit der Täter-Opfer-Ausgleich möglich wird. Die öffentlichen Institutionen sind m.E. anders zu behandeln als juristische Personen bei Individualrechtsgütern: Denn bei Straftaten gegen Gemeinschaftswerte stehen die

178 Ransiek 1996, S. 251.
179 Auch vor allem §§ 113, 166-168, 306 ff. StGB.

Interessen der Allgemeinheit im Mittelpunkt des Rechtsgutschutzes und die öffentlichen Institutionen nehmen keine eigene privaten Interessen wahr, sondern sie sind nur Vertreter der Allgemeinheit. Daher sind die öffentlichen und staatlichen Institutionen wie Behörden, öffentlich-rechtliche Anstalten, nicht als Opfer im Sinne von Täter-Opfer-Ausgleich anzusehen. Sie könnten aber ein Empfänger der Wiedergutmachungsleistung sein. Dies könnte der Fall sein, wenn der Staat oder die staatlichen Einrichtungen gleichsam wie Private am Rechtsverkehr teilnehmen und in diesem Zusammenhang in ihren Rechten verletzt werden.

Allerdings ist bei Straftaten gegen Gemeinschaftswerte die Rechtsfolgenhonorierung nach der Wiedergutmachung nicht mit dem Tatfolgenausgleich bei Straftaten mit vorhandenem Opfer gleichzustellen: Denn die Wiedergutmachung bei Straftaten gegen Gemeinschaftswerte hat einen doppelten Bezugspunkt [180]: Durch die Wiedergutmachung können die Interessen der gefährdeten oder verletzten Individuen befriedigt werden, die geschützten Rechtsgüter der Allgemeinheit bleiben jedoch unberührt. Hier kann durch eine materielle Schadenswiedergutmachung ein vollständiger Tatfolgenausgleich mit der Allgemeinheit nicht zustande gebracht werden.

3.2.2. Konkretisierung des materiellen Schadens

Für die Feststellung eines Opferstatus ist der durch die Straftat verursachte Schaden entscheidend. Bei Allgemeinrechtsgütern geht es überwiegend darum, ob und inwieweit die Rechtsgüterbeeinträchtigung konkretisiert werden kann [181]. Damit gemeint ist, dass die Rechtsgutverletzung in messbaren materiellen Schäden beziffert werden kann. Anders als bei Straftaten mit vorhandenem Opfer, bei denen selbst bei Vorliegen nicht materieller Schäden die Tatfolgen grundsätzlich mit einem Geldwert kommerzialisierbar und nach dem zivilrechtlichen Schadensersatzrecht bestimmbar sind, ist es bei gemeinschaftsbezogenen Straftaten wegen der Abstraktheit der Rechtsgutsverletzung sehr schwierig, einen konkreten materiellen Schaden festzustellen. Dies wird deutlich bei abstrakten Gefährdungsstraftaten, bei denen keine materiellen Schadensfolgen spürbar sind, und nur normative Rechtsgutsverletzungen entstanden sind.

180 Rössner/Klaus 1998, S. 56.
181 Frehsee 1987, S. 168.

Dass der Schaden beinahe unbestimmbar ist, bedeutet aber nicht, dass die Tatfolgen von Gefährdungsdelikten grundsätzlich nicht konkretisiert werden können, da es sich bei ihnen lediglich um eine Vorverlagerung der Strafbarkeit handelt, nicht um Schadenseintritt. Soweit die Gefährdung in einen Schaden umschlägt und konkretisierbar ist, ist die Wiedergutmachung der Tatfolgen ohne weiteres möglich. Eine schlichte Unterscheidung von Tätigkeits- und Erfolgsdelikten, sowie Verletzungs- und Gefährdungsdelikten erlaubt daher keine eindeutige Feststellung der Wiedergutmachungsfähigkeit einer Straftat.

3.2.3. Deliktskategorie opferloser Straftaten

Aus oben Gesagtem ist schließlich eine opferlose Straftat dahin zu definieren, dass bei Straftaten gegen Gemeinschaftswerte kein personaler Bezug hergestellt werden kann und es sich bei ihnen um abstrakte Belange der Allgemeinheit handelt. Demnach kann ein opferloses Delikt im Hinblick auf die geltenden Straftatbestände folgendermaßen typisiert werden: Zu den opferlosen Straftaten gehören die meisten abstrakten Gefährdungsdelikte [182], Unternehmens- [183], schlichte Tätigkeits- [184], Versuchs- und eigenständige Vorbereitungsdelikte [185], bei denen die Rechtsgutsverletzung ausschließlich mit abstrakten Belangen der Allgemeinheit verknüpft ist. Die opferlosen Delikte kommen außerdem im Nebenstrafrecht vor, wie z.B. im Betäubungsmittelstrafrecht (§§ 29 bis 30c BtMG), wo wegen des Einverständnisses der unmittelbar Involvierten nur überindividuelle Interessenverletzungen denkbar sind.

3.3. Öffnung der Möglichkeit der Tatwiedergutmachung auch bei opferlosen Straftaten

Bei opferlosen Delikten, in denen kein kommunikationsfähiges Opfer vorhanden ist und in denen es meistens um Allgemeinheitsrechtsgüter geht, überträgt sich der Gedanke der Tatwiedergutmachung abstrakt auf das Verhältnis zwischen dem Täter und der Rechtsgemeinschaft. Hier entstehen

---

182 §§ 129 ff., 261, 263a ff., 284, 286, 316, 323a StGB

183 §§ 81, 82, 125, 145 d, 184 Abs. 1 Nr. 4,8,9, Abs. 3 Nr. 3, 257, 311a, 316a, 316c Abs. 1 Nr. 2, 323c, 333, 334, 357. StGB

184 §§ 154, 174 ff. StGB

185 §§ 149, 275, 234a Abs. 3, 316c Abs. 3. StGB

nur die abstrakt immateriellen Schäden hinsichtlich der beeinträchtigten Gemeinschaftswerte.

Die generelle Öffnung der Chancen der Tatwiedergutmachung auf alle Delikte ergibt sich aus dem gleichheitsrechtlichen Grund, dass infolge kasuistischer Ausgestaltung des geltenden Straftatbeständesystems der Täter bei opferlosen Delikten nicht schlechter gestellt werden darf, als bei Delikten mit vorhandenem Opfer, in denen ein ideeller und materieller Tatfolgenausgleich ohne weiteres möglich ist. Eine Zulässigkeit der Tatwiedergutmachung darf nicht von den Zufälligkeiten der Opferkonstellation abhängig gemacht werden [186]. Die Rücksichtnahme auf autonomes Nachtatverhalten des Täters ist ebenso möglich wie bei den Taten mit einer Verletzung von individualbezogenen Rechtsgütern [187]. Die Frage, ob ein materieller Schaden eingetreten ist, stellt kein sachgerechtes Kriterium dar, um privilegierende Rechtsfolgen zu gewähren oder generell zu versagen. Eine bewusste Ausschließung der Möglichkeit der Wiedergutmachung führt darüber hinaus zu der Ungerechtigkeit, dass Tätern mit geringerer krimineller Energie der Weg der Wiedergutmachung versperrt bliebe [188].

3.4. Geeignete Leistungsformen bei opferlosen Straftaten

3.4.1. Allgemeine Leistungsformen der symbolischen Wiedergutmachung

Eine häufig erscheinende Form der symbolischen Wiedergutmachung bei opferlosen Straftaten ist die gemeinnützige Arbeitsleistung und ein Geldbeitrag an öffentlichen Einrichtungen, die auch bereits im geltenden Recht vorhanden sind, aber nicht in Form einer freiwilligen Wiedergutmachung ausgestaltet sind.

3.4.1.1. Gemeinnützige Arbeit

Nach allgemeiner Auffassung kann das Merkmal der „Gemeinnützigkeit“ einer Leistung in zwei wichtige Komponente aufgeteilt werden [189]: Einerseits muss die Gemeinnützigkeit wohltätige Aufgaben umfassen, also solche, die auf die Förderung notleidender oder gefährdet Menschen gerichtet

186 Schöch 1992, S. 18.
187 Rössner 1995, S. 175.; vgl. auch Rössner/Klaus 1998, S. 57.
188 Schöch 1993, S. 363.; Meier 1996, S. 643.
189 Feuerhelm 1998, S. 332.; Schöch 1992, S. 97.

sind. Weiterhin bieten sich für die Umschreibung von Arbeiten, die der Allgemeinheit zugute kommen sollen, die Bereiche an, die in § 52 Abs. 2 Nr. 1 und 2 AO nominiert sind [190]. Auf der anderen Seite soll die gemeinnützige Arbeit nach Art. 293 EGStGB unentgeltlich geleistet werden.

Die pauschale Verneinung der Entgeltlichkeit erschwert m.E. jedoch einen flexiblen Umgang mit der gemeinnützigen Arbeit, insbesondere im Zusammenhang mit einer Fondlösung zugunsten des Opfers. Denn durch die (teilweise) Entgeltlichkeit der gemeinnützigen Arbeit wird den mittellosen Tätern die Möglichkeit eröffnet werden sollte, zur Entschädigung des Opfers beizutragen. Deshalb ist es erforderlich, im Hinblick auf das Opferinteresse an der materiellen Entschädigung die Entgeltlichkeit in bestimmten Fällen zuzulassen und damit praktisch eine Konstruktion der Verbindung zwischen gemeinnütziger Arbeit und Wiedergutmachung herzustellen[191].

Für die gemeinnützige Arbeit ist vor allem erforderlich, die Mindest- und Höchstdauer der Arbeitsleistung festzusetzen [192]. Die einschlägige Norm der ambulanten Arbeitsleistung im geltenden Gesetz enthält keine ausdrückliche Bestimmung über die Dauer der zu erbringenden Arbeit. In Bezug auf ihre Höchstgrenze ist vertreten worden, dass in Anlehnung an englische Community Service Order 40 bis 240 Stunden angemessen sein sollen [193]. Geht man aber davon aus, dass die symbolische Wiedergutmachung der freiwilligen Verantwortungsübernahme der Tatfolgen zugrunde liegt und eine Sühneleistung darstellt, kann noch eine höhere Zeitgrenze als 240 Stunden zugelassen werden. Berücksichtigt man zudem, dass § 46a StGB, § 153a StPO eigentlich mittelschwere Straftaten zum Gegenstand haben, könnte die Zeitgrenze auf 360 Stunden festgelegt werden, die auch für die Verfahren nach § 153a Abs. 2 StPO sowie für die Arbeitsauflage als Bewährungsanordnung nach § 56b StGB gilt [194].

---

190 Etwa: die Förderung von Wissenschaft und Forschung, Bildung und Erziehung, Kunst und Kultur, der Religion, der Völkerverständigung, der Entwicklungshilfe, des Umwelt-, Landschaft- und Denkmalschutzes, des Heimatgedankens sowie die Förderung der Jugendhilfe, der Altenhilfe, des öffentlichen Gesundheitswesens und des Sports.

191 Pfohl 1983, S. 160 f.; auch Jung 1992, S. 174.

192 Vgl. dazu eingehend Schöch 1992, S. 86-88.

193 Schöch 1992, S. 98.

194 Feuerhelm 1998, S. 328 f.;

Wie viele Stunden gemeinnützige Arbeit eine berufstätige Person pro Tag oder Woche leisten kann, wird unterschiedlich beurteilt. Allerdings muss man hier beachten, dass die Leistung den körperlichen Kräften des Täters entsprechen, also verhältnismäßig sein muss. Somit dürften etwa 3 Stunden als Tagespensum, 18 Stunden als Wochenpensum und 80 Stunden als Monatspensum nicht überschritten werden [195].

3.4.1.2. Geldzahlung an gemeinnützige Einrichtungen

Geldzahlungen an die Staatskasse, wie sie beispielsweise in § 153a StPO geregelt sind, sind praktisch kaum noch von einer Geldstrafe zu unterscheiden. In dieser Form wird eine Geldzahlung zur Abgeltung der Straftat entrichtet ähnlich der Geldstrafe, was aber kriminalpolitisch kaum wünschenswert erscheint [196]. Trotz solcher Unterschätzung kann die Geldleistung im Wiedergutmachungskontext aber dadurch ihre Bedeutung gewinnen, dass sich ihr Adressatenkreis auf gemeinnützige Einrichtungen oder Opferfonds beschränkt. Anders als in §§ 56b StGB, 153a Abs. 1 Nr. 2 StPO sollte daher die Staatskasse nicht als Empfänger vorgesehen werden. In diesem Bezug erlangen „Opferfonds" eine erhebliche Bedeutung. Der Opferfonds eröffnet die Möglichkeit, dem Opfer auch dann einen Schadensausgleich zu verschaffen, wenn der Täter wegen der Vollstreckung der freiheitsentziehenden Strafe zur Zahlung nicht in der Lage ist [197]. Diese Wiedergutmachungshilfe an Opfer kann durch zinslose Darlehen an den vermögenslosen Täter ermöglicht werden. Diese Finanzierungsquelle ist vor allem dann sinnvoll, wenn man Geldzahlungen bei opferlosen Straftaten, wie Umwelt- und Wirtschaftsdelikte, in die Opferfonds fließen lässt. Dabei kann der Täter die Leistung entsprechend seinen finanziellen Verhältnissen in Raten oder durch gemeinnützige Arbeit erbringen.

3.4.2. Teilnahme am Nachschulungskurs bei Verkehrsstraftat

Verkehrsstraftaten, wie etwa Fahren ohne Fahrerlaubnis (§ 21 StVG) oder Trunkenheit im Verkehr (§ 316 StGB), sind klassische opferlose Straftaten. Bei Straßenverkehrsdelikten kommt es in der Praxis nur selten Fällen zur Inhaftierung, da durch Entdeckung und Strafzumessung stark selektiert

---

195 Schöch 1992, S. 98.; auch siehe BverfG NStZ 1991, 181.

196 Baumann u.a. 1992, S. 59.; Frühauf 1988, S. 279.; Kley-Struller 1993, S. 150.

197 Vgl. zu verschiedenen Opferfondsmodelle, Baumann u.a. 1992, S. 95-98.; auch Meier 1991, S. 68.

wird und nur ein relativ kleiner Teil der Straßenverkehrstäter eine Freiheitsstrafe antreten muss[198]. Entscheidend für die Bekämpfung der Verkehrskriminalität ist, dass auf die potentielle Deliktssituation abzustellen ist, d.h. auf Kraftfahrer, die sich täglich im Straßenverkehr bewegen und Alkohol trinken könnten. Daher kommt es bei der Verhütung der Verkehrskriminalität nicht in erster Linie auf die Strafandrohung, sondern die Intensivierung der Verkehrserziehung an, die auf einen Bewusstseinswandel in der moralischen Beurteilung der Trunkenheitsfahrt zielt[199]. So können auch hier Leistungsformen, wie z.B. die Teilnahme an einem Nachschulungskurs für Kraftfahrer[200] oder die Teilnahme an Beratungsstunden in einer sozialen Betreuungsstelle einen Teil der schuldangemessenen Strafe ersetzen. Die Effekte des Trainings von verkehrsgerechtem Verhalten durch die Nachschulung sind nach bisherigen Erfahrungen nicht besonders groß, doch konnte neben einer geringfügigen Reduzierung der Rückfallquote wenigstens eine Rückfallverzögerung bei den Kursteilnehmern erreicht werden[201]. Darüber hinaus kann ein Führerscheinverzicht als eine symbolische Leistung anerkannt werden und damit die Bestrafung entbehrlich gemacht werden.

3.4.3. Gemeinnützige Arbeit bei Umweltstraftat

Die gegenwärtige Strafzumessungspraxis zeigt, dass Umweltdelikte fast ohne Ausnahme im unteren Bereich des Strafrahmens angesiedelt werden. Dies spricht dafür, dass mit dem Umweltstrafrecht gerade nicht die vom Gesetzgeber angestrebte Fallgruppe besonders herausragender Umweltbeeinträchtigungen erfasst wird, sondern dass der Bagatellfall den Regelfall gerichtlicher Sanktionierung bildet[202]. Danach ist eine ganze Reihe von Umweltstraftaten dazu geeignet, durch symbolische Wiedergutmachung die abstrakten Tatfolgen zu beseitigen, da es sinnvoll sein könnte, dass die zu erbringende Leistung einen Bezug zur der vom Täter begangenen Straftat hat. Die gemeinnützige Arbeit kann dabei als ein angemessenes Sanktionsinstrument zur Bekämpfung der Umweltkriminalität fungieren, die durch Unternehmen begangen wird. Denkbar ist beispielsweise die Beteiligung an der Beseitigung der Umweltverschmutzung oder die Aufnahme

---

198 Kaiser 1993, S. 533.
199 Kaiser 1993, S. 534.
200 Jescheck/Weigend 1996, S. 894.
201 Schöch 1993_a, S. 581.
202 Albrecht 1993, S. 560.; Kaiser 1993, S. 520.

von Arbeitslosen. In diesen Delikten sind Geld- und Freiheitsstrafen gegen einen Firmenleiter, der diese Handlungen begangen hat, spezial- und generalpräventiv unwirksam [203]. Es ist also effektiver, wenn das Unternehmen selbst zur Verantwortung gezogen wird. Eine gemeinnützige Leistung bietet dabei einen Anreiz für freiwillige Verantwortungsübernahme an. In eigenständiger oder gegebenenfalls verbindlicher Form ist sie gegenüber anderen symbolischen Leistungen, wie z.B. der Entrichtung eines Geldbetrages an eine Einrichtung, in dem Vorteil, dass das Unternehmen die Durchführung einer sozial konstruktiven Arbeit ermöglichen kann, indem es seine eigenen Mittel mobilisiert.

3.4.4. Therapieteilnahme bei drogenabhängigen Straftaten

Resozialisierung, Heilung und Entkriminalisierung sind wesentlich neue Gedanken beim Umgang mit Straftaten in Bezug auf Drogenabhängigkeit. Der deutsche Gesetzgeber hat seit den achtziger Jahren zum Zweck der effektiven Heilung und Entkriminalisierung im Zusammenhang mit der Drogenkriminalität die präventive Kriminalitätsbekämpfung zum Ziel gesetzt. So bringt der 7. Abschnitt des Betäubungsmittelgesetzes die Auffassung zum Ausdruck, daß die Abhängigkeit primär als gesellschaftliches und pathologisches, nicht aber als ein kriminelles Problem zu begreifen sei. In den Mittelpunkt der kriminalpolitischen Diskussion über den Umgang mit Straftaten Drogenabhängiger wurde dabei das Schlagwort „Therapie statt Strafe" gestellt, so dass es für die Resozialisierung und Heilung des drogenabhängigen Straftäter nicht sinnvoll ist, eine therapeutische Maßnahme als strafrechtliche Zwangssanktion anzuordnen. Der Zwangscharakter der Maßnahme bedingt eine Konfrontation zwischen Behandlungsteams und drogenabhängigem Patienten. Das hohe Ausmaß äußerer Kontrolle wirkt sich kontraproduktiv auf die innere Auseinandersetzung mit der Suchtproblematik aus [204].

Als Konsequenz der Orientierung des Strafrechts an die Drogenkriminaltätsprophylaxe sollen die drogenabhängigen Täter unter Mitwirkung der Justiz einer Therapie zugeführt werden. Ihre Legitimation bezieht zum ei-

---

203 Schneider 1998, S. 419.; aber a. A. Albrecht 1993, S. 560.

204 Schalast/Leygraf 1999, S. 489.; Die Erfahrungen aus dem sozialtherapeutischen Strafvollzug zeigen, dass die in den Regelvollzug rückverlegten Gefangenen ein besonders hohes kriminelles Rückfallrisiko haben. Vgl. dazu Körner, in: Handbuch des Betäubungsmittelstrafrechts 1998, S. 1303.

nen aus der Tatsache, daß die Betroffenen meist schon als Jugendliche in die Abhängigkeit geraten sind, die Tragweite ihres Tuns deshalb nicht zu überblicken und dem Einfluss Dritter schwer zu widerstehen vermögen. Zum anderen daraus, dass der Abhängige wegen seines Zwangs zum Konsum gegen Strafvorschriften verstösst. Dadurch wird er zunehmend in eine Kriminalität verstrickt, die auch für die Allgemeinheit mit erheblichen Gefahren verbunden ist, insbesondere wenn der Abhängige seinen Eigenbedarf durch Dealen finanziert. Die Resozialisierung Drogenabhängiger liegt somit im Interesse der Gemeinschaft.

Die gesetzgeberische Bemühung um die bessere Ausgestaltung von „Therapie statt Strafe" ist schon anhand der in §§ 35 ff Betäubungsmittelgesetz ersichtlich, wobei das Gesetz auf eine erhebliche Motivationsförderung zur Therapiebereitschaft zielt. So hat der Gesetzgeber in einem einzigen Fall für Taten, die auf Grund einer Betäubungsmittelabhängigkeit begangen worden sind (§§ 37, 38 Abs. 2 BtMG), die Möglichkeit eröffnet, von der Strafverfolgung abzusehen und die Hilfe für den drogenabhängigen Täter zu einer echten Alternative zur Bestrafung auszugestalten. Nach § 37 BtMG können Staatsanwaltschaft bzw. Gericht vom Beginn des Ermittlungsverfahrens bis zum Ende der Hauptverhandlung bei einer Straferwartung von bis zu zwei Jahren Freiheitsstrafe dem Drogenabhängigen das Angebot der vorläufigen Einstellung des Verfahrens machen, ihm aber gleichzeitig mit der Fortsetzung des Verfahrens drohen. Eine entscheidende Voraussetzung für die Einstellung des Verfahrens ist, dass der Drogenabhängige nachweisen kann, dass er sich wegen seiner Abhängigkeit der in § 35 Abs. 1 BtMG bezeichneten Therapie unterzieht. Demgegenüber geht die gerichtliche Sanktionierung gegen drogenabhängige Täter von der sog. Vollstreckungslösung im Sinne von § 35 BtMG aus. Sie kann auf den gesetzgeberischen Zielkonflikt zurückgeführt werden, dem Abhängigen einerseits eine echte Therapiechance einzuräumen, andererseits aber ein Zurückweichen vor der Drogenkriminalität zu vermeiden, um nicht die Rechtstreue der Bevölkerung zu erschüttern. Die Anwendbarkeit dieser Maßnahmen setzt jedoch regelmäßig die Verurteilung des Täters voraus. So setzen die Gerichte, soweit möglich, die Strafe für abhängige Straftäter zur Bewährung aus, §§ 56 – 58 StGB, um ihnen eine Therapie zu ermöglichen, was jedoch eine bessere Heilung und Therapie im Vorfeld der Anklageerhebung erschwert.

Trotz der großen Vorteile des freiwilligen Therapieantritts wird die freiwillige Therapieteilnahme gemäss §§ 37, 38 BtMG aber in der Praxis bislang überaus selten angewendet [205]. Um die Therapiemotivation und die Therapieeinleitung frühzeitig zu ergreifen, ist daher ein freiwilliges Selbstresozialisierungsangebot im Vorfeld der gerichtlichen Entscheidung erforderlich. Außerdem sollten auch die opferlosen Straftaten, die unter dem Einfluss von Rauschmitteln begangen werden, nicht unter das geltende Betäubungsmittelgesetz fallen (z.B. alkoholabhängige oder medikamentenabhängige Straftaten), sondern in die Konzeption der freiwilligen symbolischen Wiedergutmachung einbezogen werden, um dadurch eine frühzeitige Resozialisierung in Fällen leichterer und mittelschwerer Straftaten zu ermöglichen und die im derzeitigen Sanktionssystem [206] partiell enthaltenen Möglichkeiten zur spezialpräventiven Einwirkung auf den Täter zu erweitern.

3.5. Exkurs: Symbolischen Wiedergutmachung durch Absprachen

In der Praxis ist die Verbindung von Absprachen und Wiedergutmachung im Strafverfahren geläufig. Die Frage der Absprachen beschränkt sich nicht allein auf opferlose Delikte. Sie erlangt jedoch vor allem im Rahmen der opferlosen Delikte große Bedeutung und ist insoweit hier erwähnenswert.

In der Literatur ist verschiedentlich versucht worden strafprozessuale Absprachen zu definieren [207]. Sie können aber allgemein dahin begriffen werden, dass sie auf eine Vereinbarung zwischen den Prozessbeteiligten, vor allem Gericht, Verteidiger und Staatsanwalt hinauslaufen. In der Regel wird außerhalb der Hauptverhandlung das weitere Verfahren durch die Prozessbeteiligten dahingehend abgesprochen, dass der Angeklagte ein Geständnis ablegt und damit eine weitere Beweiserhebung erspart bleibt, dass daraufhin einige Tatkomplexe nach den §§ 154, 154a StPO ausgeschieden werden und, dass das Gericht eine Strafe verhängt, die den Beteiligten so akzeptabel erscheint, dass ein Rechtsmittelverzicht erklärt wird. Besonders geeignet erscheinen bei den Absprachen meist die Wirtschafts-, Steuer-, Umwelt-, Betäubungsmitteldelikte, bei denen mit herkömmlichen

205 Körner, in: Handbuch des Betäubungsmittelstrafrechts 1998, S. 1320.; auch Schöch 1996, S. 325.

206 §§ 56 c Abs. 2 und 3, 59 a Abs. 2 StGB, 63 ff StGB, §§ 10, 12 JGG, §§ 35, 36, 38 Abs. 1 BtMG

207 Vgl. zum verschiedenen Begriffsbestimmungsversuch, Schünemann 1990, S. 14-17.

Verfolgungsmethoden nicht effizient reagiert werden kann. Diese Absprachen können aber bei geringer Tatintensität nur nach dem Opportunitätsprinzip praktikabel sein [208].

Der Grund für den Aufschwung dieses Instituts liegt vor allem in derÜberlastung der Strafjustiz. Bei opferlosen Delikten besteht nur eine außerordentlich geringe Anzeigebereitschaft. Es mangelt aber auch häufig an aussagebereiten Zeugen und die Straforgane treffen auf Beweisschwierigkeiten. Mit einer Geständnisablegung als Hauptobjekt der Absprachen können die Beweisschwierigkeiten beseitigt werden und das Verfahren kann prozessökonomisch beschleunigt werden. Auf der Täterseite kann das Geständnis je nach dem Unrechtsgewicht der Tat zu einer Strafmilderung oder zur Einstellung des Verfahrens führen. Insgesamt ist somit festzustellen, dass Absprachen zwischen den Verfahrensbeteiligten nicht von vornherein unwirksam bzw. nicht zulässig sind.

Den Absprachen wird nach geltendem Recht an verschiedenen Orten Rechnung getragen: Zu denken ist vor allem an die Einstellungsmöglichkeiten der §§ 153, 153a, 154, 154a StPO. Darüber hinaus setzt auch das Strafbefehlsverfahren gemäß § 408 StPO ein Einverständnis zwischen Staatsanwaltschaft und Gericht voraus. Gemäß § 303 StPO ist für die Rücknahme eines Rechtsmittels nach Beginn der Hauptverhandlung die Zustimmung des Gegners erforderlich. Aber auch bei der Nachtragsanklage gem. § 266 StPO ist eine Verständigung zwischen den Verfahrensbeteiligten notwendig, damit das Verfahren ohne Verzögerung fortgesetzt werden kann. Von besonderer Bedeutung ist die Befragung des Angeklagten gemäß § 265a StPO, ob er sich zu freiwilligen Leistung erbietet und Zusagen macht. Das dient der Klärung, welche Auflagen für den Angeklagten zumutbar sind [209].

208 Landau/Eschelbach 1999, S. 321.

209 Kleinknecht/Meyer-Goßner 1999, § 265a Rdnr. 2.

4. Kombination symbolischer und materieller Wiedergutmachung

Für die effektive Sanktionierung kann die symbolische Wiedergutmachung auch in verbindlicher Form mit einer materiellen Wiedergutmachung erfolgen. Die Kombinationsmöglichkeit betrifft vor allem Fälle, in denen eine materielle Schadenswiedergutmachung im Verhältnis zur Schwere der begangenen Tat allein nicht als ausreichendes Äquivalent angesehen wird, Inwieweit aber im gegebenen Sanktionensystem die Möglichkeit der Kombination der materiellen Wiedergutmachung und der symbolischen Wiedergutmachung gegeben ist, wird im folgend untersucht.

4.1. Leistungsfähigkeit

4.1.1. Finanzielle Schwierigkeiten und die Ergänzung durch symbolische Wiedergutmachung

Für eine effektive Anwendung der Wiedergutmachungsregeln ist in aller Regel die Leistungsfähigkeit des Täters notwendig [210]. In den meisten Fällen besitzt der Täter jedoch keine ausreichenden oder gar keine Mittel für den materiellen Ausgleich mit dem Opfer, wenngleich er von sich aus die Folge der Straftat wenigstens teilweise ausgleichen will. Insbesondere bei jugendlichen Straftätern wird die finanzielle Belastbarkeit als prinzipielles Problem angesehen [211]. In solchen Fällen ist der Opfergleichheit, in der finanziell schwache Täter im Vergleich zu zahlungsfähigen Täter nicht schlechter gestellt werden dürfen, besondere Beachtung zu schenken, indem den finanziell schwachen Tätern eine realistische Chance eingeräumt werden muss, durch eine noch zusätzliche Erbringung symbolischer Leistungen ihr ernsthaftes Bemühen um Tatfolgenausgleich unter Beweis zu stellen. Eine freiwillige Wiedergutmachung darf somit nicht schlechthin von der materiellen Leistungsfähigkeit abhängig gemacht werden.

Allerdings würde im Zusammenhang mit der Kombination die Gefahr bestehen, dass die Strafjustiz die Kombinationsmöglichkeit bevorzugen würde, wenn sie sowohl eine angemessene Sanktion für die begangene Tat nicht exakt finden kann, als auch die Wiedergutmachung allein nicht als angemessene Reaktion auf die Tat erscheint.

---

210 Rössner/Wulf 1984, S. 11.; Beste 1987, S. 347.
211 Frehsee 1987, S. 177 (auch dort FN. 145).

4.1.2. Zumutbarkeit der Leistungserbringung materieller Schadenswiedergutmachung

Da bei der freiwilligen Tatwiedergutmachung eine Vereinbarung zwischen Täter und Opfer über die zu erbringende Leistungshöhe vorausgesetzt ist, ist, soweit sich die Parteien auf den Tatfolgenausgleich geeinigt haben, grundsätzlich eine gerichtliche Berücksichtigung der finanziellen Verhältnisse des Täters nicht relevant. Gleichwohl sollten den finanziellen Verhältnissen des Täters durch das Zumutbarkeitsprinzip Rechnung getragen werden: Denn das Verhältnismäßigkeitsprinzip, in dem Zweck und Mittel nicht außer Verhältnis zueinander stehen dürfen, ist nicht nur für die Frage der gerichtlich anzuordnenden Schadenswiedergutmachung nach geltendem Gesetz (z.B. § 56b StGB) von Bedeutung, sondern es gilt auch für die freiwillige Wiedergutmachung. Mit der Beachtung der Zumutbarkeit werden dem Leistungsverlangen Grenzen gezogen, die sich aus den Umständen des Einzelfalls ergeben [212].

Dass das Zumutbarkeitsprinzip auch bei der freiwilligen Wiedergutmachung beachtet werden soll, bedeutet, dass das Gericht im Fall der unvollständig geleisteten Wiedergutmachung oder des gegebenenfalls daran gescheiterten Tatfolgenausgleichs weder beliebig auf eine zusätzliche symbolische Wiedergutmachung ausweichen, noch auf die Anwendung einer privilegierenden Rechtsfolge in Hinblick auf die bereits erbrachten teilweisen Leistung verzichten darf. Dabei hängt die gerichtliche Beurteilung dessen, in welchem Fall dem Täter eine Gelegenheit gegeben werden soll, eine symbolische Wiedergutmachung zu leisten, von den Umständen des Einzelfalls ab, wobei hauptsächlich die Schwere der Tatfolgen für die Beurteilung maßgeblich ist.

4.1.3. Problem des Freikaufs

In einem der mangelnden Leistungsfähigkeit entgegengesetzten Fall, in dem der Täter begütert und damit ohne weiteres zahlungsfähig ist, kann die Wiedergutmachung insofern nicht zum ideellen Tatfolgenausgleich beitragen, als den wohlhabenden Tätern durch die ihnen verfügbare Zahlungsmöglichkeit ein Strafverfahren durch ein Abkaufen des staatlichen Strafan-

212 LK[11]-Gribbohm 1992, § 56b Rdnr. 3.

spruchs erspart bleibt [213]. Dieses Problem des Freikaufs versucht der AE-WGM dahingehend zu lösen, dass auch in diesen Fällen trotz vollständigen Schadensersatzes eine Kombination mit einer symbolischen Leistung erforderlich ist, um das Ersparen des Strafanspruchs durch bloße Geldzahlung zu vermeiden [214]. Dieser Annahme liegt der Gedanke zugrunde, dass eine materielle Opferentschädigung zwar für die Wiederherstellung des Rechtsfriedens wichtig, aber nicht der entscheidende Gesichtspunkt der Tatwiedergutmachung ist.

Bei der freiwilligen Wiedergutmachung lässt es sich jedoch gerade nicht auf die Opfergleichheit zurückzuführen, dass die reichen Täter neben der vollständigen Wiedergutmachung auch noch eine symbolische Leistung erbringen müssen. Für den Täter, der sich mit dem Opfer über die zu erbringende Wiedergutmachungsleistung einigt und alle erforderlichen Geldzahlungen geleistet hat, ist nicht verständlich, wenn von ihm nur deswegen noch eine symbolische Leistung abverlangt wird, weil die ihm zur Verfügung stehenden finanziellen Ressourcen beachtlich sind. Ob ein Täter begütert ist, ist für den strafrechtlichen Tatfolgenausgleich nicht relevant, soweit der Täter und das Opfer einen ideellen und materiellen Tatfolgenausgleich erreicht haben. Das Opfergleichheitsprinzip sollte sich m.E. nur auf die Armenprivilegierung beschränken, indem den mangelnd zahlungsfähigen Tätern eine Chance eingeräumt wird, symbolische Wiedergutmachung zu leisten und damit in den Genuss der privilegierenden Rechtsfolgen zu kommen. Das Problem des Freikaufs muss vielmehr dadurch verhindert werden, dass die Geldzahlung des Täters auf der Grundlage einer ideellen Bemühung um Tatfolgenausgleich erfolgen muss. Die ideelle Wiedergutmachung stellt für die wohlhabenden Täter häufig eine Belastung dar, da es sehr anstrengend sein kann, sich ernsthaft mit dem Leid des Opfers auseinanderzusetzen [215].

4.2. Kombination der materiellen Schadenswiedergutmachung und symbolischen Wiedergutmachung

Bei der kombinierten Anwendung der Wiedergutmachungsregeln taucht das Problem auf, ob die symbolische Leistung in allen Fällen, bei denen der

213 Tröndle 1997, § 46 a Rdnr. 4.; Rössner 1993_a, S. 114.
214 Baumann u.a. 1992, S. 47.
215 Frühauf 1988, S: 184.

materielle Ausgleich nicht vollständig ist, als zusätzliche Form eingebunden werden soll oder, solange dies bejaht wird, welche Leistungsform bei der Kombination eingeschaltet werden kann. Die Frage nach der Zulässigkeit der Verbindungsmöglichkeit sollte je nach dem Unrechtsgehalt der begangenen Straftat und des dem Täter zuzurechnenden Strafmaßes unterschiedlich beantwortet werden.

Die Frage der Kombinierbarkeit bezieht sich aber auch unmittelbar darauf, welche Leistungsform für die Kombination erforderlich ist, damit die kombinierte Wiedergutmachung als vollständiger Tatfolgenausgleich angesehen werden kann. Soweit sich die Beteiligten am Täter-Opfer-Ausgleich freiwillig über die zu erbringende Leistungshöhe einigen, etwa im Wege des zivilrechtlichen Vergleichs, und diese erbracht haben, ist die erbrachte Wiedergutmachung grundsätzlich als vollständiger Tatfolgenausgleich anzuerkennen, obwohl sie nicht das Höchstmaß des zivilrechtlich ohnehin geschuldeten Schadensersatzes erreicht. Jedoch sollte diese beiderseitige Autonomie zwischen Täter und Opfer nur unter dem Vorbehalt zulässig sein, dass bei der begangenen Straftat das private Interesse des Opfers maximiert und somit das staatliche Strafinteresse auf null reduziert ist. Dies betrifft in der Regel den Fall, in dem eine Straftat nur eine geringe Tatschwere besitzt. Die Anerkennung des Vergleichsergebnisses als vollständiger Tatfolgenausgleich beschränkt sich dabei also auf den Bereich der Bagatellkriminalität, z.B. etwa Beleidigung oder Ladendiebstahl. In diesem Deliktsbereich der Kleinkriminalität bedarf es also keiner zusätzlichen Leistung der symbolischen Wiedergutmachung im Sinne von gemeinnütziger Arbeit oder einer Geldspende an gemeinnützige Einrichtungen, solange sich der Täter im Täter-Opfer-Ausgleich befindet [216]. Als Maßstab für die Beurteilung der Geringfügigkeit können dabei die Regelungsinhalte des § 153 StPO herangezogen werden, wonach bei dem Vorliegen einer geringen Schuld und keines öffentlichen Interesses von der Verfolgung abgesehen werden darf.

Die Verbindungsmöglichkeit der teilweisen Schadensabdeckung und der zusätzlichen symbolischen Wiedergutmachungsleistung ist daher nur in den Fällen geboten, in denen die begangene Tat über einen geringfügigen Unrechtsgehalt hinausgeht. Hierunter fallen in der Regel Taten bis zur mittelschweren Kriminalität wie z.B. Körperverletzung. Mit einer solchen kom-

216 Dagegen Meier 1999, S. 8; auch SK-Horn 1995, § 46a Rdnr. 6.

binierten Leistungserbringung symbolischer Wiedergutmachung und materieller Schadenswiedergutmachung kann in diesen Fällen die Rechtsfolge in der Regel Absehen von Strafe sein. In diesem Zusammenhang hat allerdings AE-WGM darauf aufmerksam gemacht, dass die Kombination des Teilschadensersatzes und symbolischer Leistung jedoch nicht beliebig Anwendung finden dürfe, da hier das Interesse des Opfers am vollständigen Schadensersatz nicht beeinträchtigt werden dürfe. Eine zwingende Ausweitung der Kombination auf alle Fälle führe also dazu, dem Opfer seine Ansprüche zu kürzen.

Demgegenüber scheint es bei der schweren Kriminalität, bei der aus spezial- und generalpräventiven Gründen eine Bestrafung unerlässlich erscheint, unsicher zu sein, dass durch die Verbindung des Teilersatzes und symbolischer Leistung die Unerlässlichkeit der Bestrafung beseitigt werden kann. Dies kann der Fall sein, wenn die Tatschwere bei einer fiktiven Strafmaßkalkulation eine Freiheitsstrafe von mehr als einem Jahr übersteigen würde. Da in diesen Kriminalitätsfeldern der Unrechtsgehalt der Tat und die Schuld des Täters so hoch sind, dass die Rechtsfolge trotz der vollständigen Wiedergutmachung nicht zum Absehen von Strafe führen darf, sollte die Kombination der teilweisen wie auch vollständigen materiellen Schadenswiedergutmachung und symbolischer Wiedergutmachung nicht in Betracht kommen. Im Hinblick auf die bereits erbrachte Schadenswiedergutmachung kann dem Täter erst im gerichtlichen Strafzumessungsverfahren eine Strafmilderung nach § 49 Abs. 1 StGB zugebilligt werden.

Insgesamt betrachtet ist die Kombination der materiellen Schadenswiedergutmachung und der symbolischen Wiedergutmachung nur in solchen Fällen möglich, wenn die Tat über den geringfügigen Unrechtsgehalt hinausgeht, dessen Rechtsfolge in der Regel Absehen von Strafe ist. Demgegenüber kommt die Kombination bei Straftaten mit erheblicher Schuldschwere in aller Regel nicht in Betracht.

4.3. Kombinationsmöglichkeit bei opferlosen Delikten

Bei opferlosen Straftaten ist eine kumulative Leistungserbringung der materiellen und symbolischen Wiedergutmachung nicht vorstellbar, weil es hier am konkreten Opfer fehlt, das als Adressat der Schadenswiedergutmachung in Frage kommt. Jedoch ist denkbar, die symbolische Wiedergutmachung mit strafenden Sanktionen zu verbinden. Vor allem bei Verkehrsstraftaten ist es für die Resozialisierung des Täters geeignet, dass er neben der Entziehung seiner Fahrerlaubnis oder des Fahrverbots noch eine freiwillige symbolische Handlung, wie z.B. Teilnahme an einem Aufbauseminar erbringt. Außerdem ist auch die Kombination von symbolischen Leistungen denkbar: Soweit bei Vorliegen des § 69 Abs. 2 StGB allein die Teilnahme an einem Aufbauseminar für eine Verfahrenseinstellung nicht ausreicht, kann auch eine andere Form der symbolischen Leistung, wie Straßenreinigung als gemeinnützige Arbeit, eingesetzt werden.

DRITTES KAPITEL: DIE VORHANDENEN ANSÄTZE SYMBOLISCHER WIEDERGUTMACHUNG

1. § 46a StGB

Aufgrund der Teilergebnisse der weit über ein Jahrzehnt geführten Diskussionen über die strafrechtliche Tatwiedergutmachung wurde die Vorschrift § 46a StGB durch das Verbrechensbekämpfungsgesetz [217] unter dem Titel „Täter-Opfer-Ausgleich, Schadenswiedergutmachung" in den strafrechtliche Rechtsfolgenkatalog eingefügt. In diesem Gesetz war der Gesetzgeber vor allem darauf bedacht, dass den Wiedergutmachungsmöglichkeiten in größerem Umfang als bisher Eingang in das Erwachsenenstrafrecht verschafft werden sollte, um unter bestimmten Voraussetzungen die Strafe nach § 49 Abs. 1 StGB zu mildern oder auch ganz von Strafe abzusehen, damit die Konzeption einer „opferbezogenen Strafrechtspflege"[218] verwirklicht wird.

1.1. Normzweck des § 46a StGB

Hauptzweck des neu eingeführten Wiedergutmachungsrechts ist es, den durch die Straftat entstandenen Konflikt zwischen den Beteiligten in einer sozial konstruktiven Weise beizulegen. Dies ist dadurch zustande zu bringen, dass sich die beiden Tatbetroffenen am Ausgleichsverfahren freiwillig beteiligen und sich mit dem Tatgeschehen konfrontieren. Insoweit erlangt der Täter-Opfer-Ausgleich (§ 46a Abs. 1 Nr.1 StGB) eine erhebliche Bedeutung für das strafrechtliche Sanktionensystem, da er auf der Täter- und Opferseite ein wirksames Mittel für die Konfliktlösung und damit für die Erreichung des präventiven Ziels des Strafrechts darstellt. Von der Opferperspektive her gesehen liegt der Schwerpunkt dieses Gesetzes darin, dass das Opferinteresse der materiellen Entschädigung des durch die Straftat verursachten Schadens und dem immateriellen Tatfolgenausgleich verstärkt

217 Gesetz zur Änderung des Strafgesetzbuches, der Strafprozessordnung und anderer Gesetzte (Verbrechensbekämpfungsgesetz) vom 28. 10. 1994, Bundesgesetzblatt I S. 3186 ff.; vgl. zum Gang des Gesetzgebungsverfahren, Dahs 1995, S. 553-555.; auch Brauns 1996, S. 299 f.; zum rechtspolitischen Hintergrund des § 46a StGB, Meier 1996, S. 436 f.

218 Rössner/Wulf 1984.

werden soll. Andererseits soll aber auch gleichzeitig dem Täter die Gelegenheit gegeben werden, seine Bereitschaft zur Verantwortungsübernahme unter Beweis zu stellen, ohne dass in der Allgemeinheit der Eindruck entstehen kann, dass seine Tat ohne Folgen bleibt [219]. So werden durch das wiedergutmachende Nachtatverhalten des Täters präventive Strafbedürfnisse entbehrlich gemacht bzw. reduziert.

Ob aber der Gesetzgeber bei der Gesetzgebung dieses friedensstiftende Ziel konsequent verfolgen wollte, lässt sich nicht eindeutig beurteilen. Festzustellen ist zumindest, dass das Gesetz die Idee der sozialkonstruktiven Tatwiedergutmachung nicht vollständig übernommen hat. Diese Folgerung ergibt sich aus der Auslegung der einzelnen Tatbestände des § 46a StGB.

1.2. Die Möglichkeit der symbolischen Wiedergutmachung im Rahmen des § 46a StGB

In § 46a StGB sind zwei Fallgruppen normiert: Zum einen die Tatwiedergutmachung, d.h. Täter-Opfer-Ausgleich und materielle wie immaterielle Wiedergutmachung (Nr.1) und zum anderen materielle Schadenswiedergutmachung unter erheblichen Nachteilen des Täters (Nr.2). Die beiden Fallgruppen haben voneinander getrennte Voraussetzungen, bezwecken aber jeweils die Schadenskompensation.

1.2.1. Voraussetzung des § 46a Nr. 1 StGB

Nr. 1 des § 46a StGB geht von den Voraussetzungen aus, dass der Täter in dem Bemühen, einen Ausgleich mit dem Verletzten zu erreichen, seine Tat ganz oder zum überwiegenden Teil wiedergutgemacht oder die Wiedergutmachung zumindest ernsthaft erstrebt hat. Die zu erbringende Wiedergutmachungsleistung soll nach der Vorstellung des Gesetzgebers mit dem Täter-Opfer-Ausgleich so verbunden sein, dass die erreichte oder erstrebte Wiedergutmachung auf der Grundlage umfassender Ausgleichsbemühungen geleistet werden muss [220]. Das Gesetz umfasst also einen Ausgleich immaterieller und materieller Folgen der Tat. Mit dem persönlichen Ausgleich soll überwiegend das Problem des Freikaufs gelöst werden [221]. Daher

---

219 Bundestagsdrucksache 12/6853, 18 f, 21 f.

220 Bundestagsdrucksache 12/6853, S. 21 f.

221 Jescheck/Weigend 1996, S. 866; OLG Stuttgart NStZ 1996, 390 = NJW 1996, 2109, 2110, BGH wistra 1995, 508.

steht im Rahmen des § 46a Nr. 1 StGB der Täter-Opfer-Ausgleich im Mittelpunkt der strafrechtlichen Tatwiedergutmachung.

1.2.1.1. Vollständige und überwiegende Wiedergutmachung

Um dem Täter günstigere Rechtsfolgen zu gewähren, muss die von ihm erbrachte Leistung so wesentlich sein, dass die Rechtsgemeinschaft durch die autonome Handlung des Täters befriedigt wird. In diesem Sinne bezieht sich das Maß der Leistungserbringung im Kontext der strafrechtlichen Tatwiedergutmachung nicht auf die rein zivilrechtliche Abwicklungsform, wie z.B. die Rückgabe der gestohlene Sache. Für die Tatwiedergutmachung ist vielmehr entscheidend, ob mit der Täterleistung das Ziel des Strafprozesses, die kontrollierte Wiederherstellung des Rechtsfriedens, erreicht wird [222]. Eine autonome Wiederherstellung des gestörten Rechtsfriedens soll in erster Linie auf den Vereinbarungsmechanismus, in dem sich die Beteiligten mit der Tat und den Tatfolgen konfrontieren und geeignete Leistung vereinbaren, zurückgeführt werden.

Für die vom Täter zu erbringende Leistung sind in § 46a StGB drei Varianten vorgesehen: ganze Wiedergutmachung, Wiedergutmachung zum überwiegenden Teil, oder ernsthafte Bemühung um die Wiedergutmachung. Hier geht es insbesondere darum, ob bei der freiwilligen Wiedergutmachung eine Unterscheidung zwischen der vollständigen und überwiegenden Wiedergutmachung nachvollziehbar ist. Dem Gesetz scheint eine Bezifferbarkeit der zu erbringenden Leistungshöhe zugrunde zu liegen, wie sie bei der Auferlegung einer Schadenswiedergutmachung (§§ 56b Abs. 2., 57 Abs. 3., 59a Abs.2 StGB.; § 153a StPO) [223] vorstellbar ist .

In der Literatur werden indessen die Merkmale unterschiedlich interpretiert: Zum einen wird die Unterscheidung zwischen der vollständigen und überwiegenden Wiedergutmachung darin gesehen, dass die vom Täter zu erbringende Leistung „mit einem geringeren Teil nicht ausreichen“ darf [224].

222 Meier 1999, S. 7.
223 Nach der Rechtsprechung und einigen Meinungen beschränkt sich die Höhe auf den ohnehin schon gegen den Täter bestehenden zivilrechtlichen Ersatzanspruch. Vgl. dazu Jescheck/Weigend 1996, S. 840 f.; auch OLG Hamburg MDR 1980, 246.; OLG Stuttgart NJW 1980, 1114.; dagegen Frehsee 1987, S. 237.; Schönke/Schröder/Stree 1997, § 56b Rdnr. 4.; Meier 1996, S. 437.
224 Schönke/Schröder/Stree 1997, § 46a Rdnr. 3.

Nach einer anderen Meinung müsse die zu erbringende Leistungshöhe mindestens die „Hälfte des Gesamtschadens" betragen [225]. Die verschiedenen Interpretationen über die vollständige und überwiegende Wiedergutmachung sollten jedoch der Parteiautonomie, der der § 46a StGB zugrunde liegt, entgegenstehen. Soweit der Normzweck des § 46a Nr. 1 StGB primär am persönlichen, freiwilligen Ausgleich zwischen Beteiligten orientiert ist, muss die autonome Vereinbarung über Höhe und Maß des entstandenen Schadens der freien Disposition der Beteiligten zugewiesen werden. Demgemäss soll die Vollständigkeit der Wiedergutmachung dahin interpretiert werden, dass nicht der Ersatz der durch die Tat entstandenen Schäden im zivilrechtlichen Sinn in vollem Umfang geleistet werden muss, sondern dass der Täter die Wiedergutmachungsleistung nach der Vereinbarung zu erbringen hat und dass damit aus der Sicht der Justiz die erbrachte Wiedergutmachungsleistung „wesentlich"[226] sein soll. So kann sich etwa ein Opfer bloß mit einer Entschuldigung als symbolischer Leistungsform zufrieden geben und damit auf den materiellen Ausgleich verzichten. Jedoch darf die zu erbringende Leistung nicht höher sein als die Schadenssumme im zivilrechtlichen Sinne. Aus diesem Grund ist die Begriffsteilung der vollständigen und überwiegenden Wiedergutmachung also nicht zutreffend. Maßgebend für die Beurteilung der Justiz, ob die vom Täter erbrachte Leistung für das Wesentliche der Tatwiedergutmachung ausreichend ist, ist vielmehr die Frage, ob mit der erbrachten Leistungshöhe und Leistungsform die Beseitigung des Tatkonflikts und das Ziel des Strafprozesses, die kontrollierte Wiederherstellung des Rechtsfriedens, erreicht ist.

1.2.1.2. Problem der ernsthaften Bemühung um die Tatwiedergutmachung

Beim Fall der ernsthaften Bemühungen um die Tatwiedergutmachung handelt es sich um zwei denkbare Fallkonstellationen: Eine betrifft die Situation, in der zwar der Täter am Ausgleichsverfahren teilgenommen hat, aber die Wiedergutmachung vom Täter weder vollständig noch überwiegend erbracht wird. Nach geltendem Gesetz kann die Rechtsfolgen eines Absehens von Strafe oder Strafmilderung auch in einem solchen unvollständig wiedergutgemachten Fall angewendet werden. Diese Anwendung ist grundsätzlich richtig, weil es bei der strafrechtlichen Tatwiedergutmachung nicht ausschließlich um die Höhe der zu erbringenden Leistung geht, son-

225 Lackner/Kühl 1997, § 46a Rdnr. 2.
226 Rössner/Klaus 1998, S. 52.

dern auch der Wille des Täters, den gestörten Rechtsfrieden wiederherzustellen, berücksichtigt werden muss. Im Einzelfall können daher die Staatsanwaltschaft und das Gericht in Hinblick auf die durch den Täter erbrachte Leistung und den dadurch erreichten Strafzweck von Strafe absehen oder die Strafe mildern.

Eine andere Fallkonstellation liegt vor, wenn der Täter zwar versucht hat, sich mit dem Opfer auszugleichen, aber wegen der Mitwirkungsverweigerung des Opfers einen Ausgleich erfolglos geblieben ist. Für die Rechtsfolgengewährung, nämlich Strafmilderung oder gar Absehen von Strafe, reicht es nach dem Wortlaut des § 46a Nr. 1 StGB aus, dass sich der Täter zur Teilnahme an einem Ausgleichsverfahren bereit erklärt. Aber eine Wiedergutmachungsleistung muss nur „ernsthaft erstrebt", nicht wirklich erbracht werden. Diese ideelle Bemühung um Tatwiedergutmachung setzt daher eine gescheiterte Wiedergutmachungsverhandlung voraus. Dies kann unter Berufung auf die Begründung des damaligen Gesetzesentwurfes deutlich gemacht werden: „Zu denken wäre etwa an Konstellationen, in denen die Geschädigten eine für einen Ausgleich erforderliche Mitwirkung verweigern oder durch relativ geringes Verschulden ein hoher Schaden angerichtet wird" [227]. Das Bemühen des Täters um die Tatwiedergutmachung verknüpft sich also unmittelbar mit der Fallkonstellation der symbolischen Tatwiedergutmachung. In diesen Fällen, in denen ein persönlicher Ausgleich, aus welchen Gründen auch immer, nicht erfolgreich zustande gekommen ist, hat der Gesetzgeber auf dem Wege der täterfreundlichen Normausgestaltung dem Täter nur für seine ideelle Wiedergutmachung, also ernsthafte Bemühung um die Wiedergutmachung, eine Vergünstigung gewährt. Insofern sind im Fall der ideellen Wiedergutmachung die präventiven Gesichtspunkte in höchstem Maß relevant, da ausschließlich die eigene Verantwortungsübernahme des Täters positiv in Rechnung gestellt wird, ohne dass er den von ihm verursachten Schaden kompensiert oder eine zusätzliche Leistung, wie z.B. eine Leistung der symbolischen Wiedergutmachung erbringt.

Bei genauem Hinsehen ist die Rechtsfolgengewährung bei einem nur ideellen Versuch um die Tatwiedergutmachung nicht verständlich: Zunächst könnte unter dem Gesichtspunkt der präventiven Strafzwecke folgender Einwand erhoben werden: Die ideelle Wiedergutmachung ist ein Ausdruck

227 Bundestagsdrucksache 12/6853, S. 21.

der autonomen Verantwortungsübernahme des Täters im Sinne der positiven Generalprävention und Spezialprävention. Jedoch fehlt es bei ihr an einem Bezugspunkt, der bei der Nichterbringbarkeit der Wiedergutmachung, etwa wegen der Mitwirkungsverweigerung des Opfers, dem Täter eine andere Möglichkeit einräumt, durch die symbolische Wiedergutmachung seinen autonomen Willen zur Wiederherstellung des Rechtsfriedens nach außen zu zeigen. Die einseitige Rechtsfolgengewährung widerspricht grundsätzlich dem Gebot des einheitlichen Vorgangs der ideellen und materiellen Wiedergutmachung.

Besonders fraglich ist aber auch, dass allein die ideelle Wiedergutmachungsbemühung mit einem Absehen von Strafe honoriert werden kann: Nach dem Rechtsfolgensystem des § 46a StGB kann die Bemühung um die Tatwiedergutmachung nicht nur durch eine fakultative Strafmilderung gemäß § 49 Abs. 1 StGB, sondern auch durch ein Absehen von Strafe honoriert werden, wenn durch die Straftat eine Freiheitsstrafe von nicht mehr als einem Jahr oder Geldstrafe von nicht mehr als 360 Tagessätzen verwirkt wird. Dann dürfte die Honorierung einer ideellen Wiedergutmachung bei einer bis zu mittelschweren Straftat eine unverhältnismäßige Belohnung darstellen. Darüber hinaus kann zweifelhaft sein, in wieweit in der Praxis das Vorliegen der lediglich ideellen Bemühung um die Tatwiedergutmachung des Täters mit dem Absehen von Strafe honoriert wird.

Freilich darf man nicht übersehen, dass die ideelle Wiedergutmachung ein gleiches Gewicht für die Prävention wie die materielle Schadenswiedergutmachung erhält. Denn solche Varianten bei Delikten mit persönlichem Opfer stellen eine freiwillige Verantwortungsübernahme des Täters dar und sind erheblich günstiger zu beurteilen, wenn eine Wiedergutmachung dem Täter nur unter großen Anstrengungen gelungen ist, als in einem Fall, in dem die Leistung dem Täter mühelos möglich war [228]. Daher ist es einerseits selbstverständlich, dass unter dem präventiven Gesichtspunkt die Bemühung um den Tatfolgenausgleich berücksichtigt werden soll, auf der anderen Seite muss aber auch an dem Gebot der einheitlichen Erbringung der ideellen und materiellen Wiedergutmachung festgehalten werden. Aus diesen zwei ambivalenten Punkten ergibt sich m.E., dass es einer differenzierten Regelung hinsichtlich der erstrebten Bemühung um die Tatwiedergutmachung bedarf. Eine Rechtsfolgenhonorierung mit dem obligatori-

228 Brauns 1996, S. 221.

schen Absehen von Strafe, das von Verfasser vertreten wird [229], soll also auf die Kleinkriminalität beschränkt bleiben. Bei der hier genannten Kleinkriminalität könnte es sich um Unrechtsgewicht handeln, das unter sechs Monaten liegt. Dagegen soll bei mittelschweren Straftaten, bei denen das verschuldete Unrechtsgewicht sechs Monate überschreitet, dem Täter noch eine zusätzliche Gelegenheit zur Leistung der symbolischen Wiedergutmachung eingeräumt werden: Denn allein die ideelle Bemühung um Wiedergutmachung genügt nicht, um den Rechtsfrieden wiederherzustellen.

Zusammenfassend ist zu folgern, dass im Fall der ideellen Wiedergutmachung dem Täter je nach der Tatschwere die Möglichkeit des bloßen Absehens von Strafe bis hin zu der symbolischen Wiedergutmachung zugestanden werden muss, aber nicht ein einheitliches Absehen von Strafe in allen Fällen, in denen die Tat eine Freiheitsstrafe bis zu einem Jahr oder gleichwertige Geldstrafe nach sich zieht.

1.2.1.3. Verschiedenheit der Leistungsformen

Auf den ersten Blick scheint in dem Gesetz nur die Schadenswiedergutmachung als zulässige Wiedergutmachungsform geregelt zu sein. Die Form der zu erbringenden Leistung beschränkt sich jedoch nicht nur auf den zivilrechtlich ausgeprägten Schadensersatz. Im Wege der Vereinbarung zwischen den Beteiligten kann der Täter ohne weiteres eine symbolische Leistung erbringen [230]. So können die Parteien z.B. eine immaterielle Leistung der symbolischen Wiedergutmachung wie eine Entschuldigung oder ein Blumengeschenk vereinbaren, womit der Täter deutlich macht, dass er Verantwortung übernimmt und sich dadurch von der Tat distanziert. Auch kann der Täter die Erbringung einer gemeinnützigen Leistung vereinbaren, die sowohl zugunsten der Allgemeinheit ein funktionales Äquivalent mit rein materieller Schadenswiedergutmachung gegenüber dem Opfer ist [231], als auch die über den zivilrechtlich ohnehin geschuldete Schadensersatz hinaus gehende sozialkonstruktive Form darstellt.

Die Universalität der Leistungsformen ergibt sich unmittelbar aus dem Wortsinn der „Wiedergutmachung der Tat“ im Sinne des §46a Nr. 1 StGB,

229 Vgl. unten 1.3.1.

230 Rössner/Klaus 1998, S. 51.; Bundesministerium der Justiz 1998, S. 16.

231 Meier 1999, S. 3.

die alle möglichen Formen der Wiederherstellung des gestörten Rechtsfriedens umfasst. Im Rahmen des Nr. 1 kann der Täter unter Vereinbarung mit dem Opfer von einer materiellen Schadenswiedergutmachung bis hin zur gemeinschaftsorientierten Leistung erbringen.

1.2.2. Voraussetzung des § 46a Nr. 2 StGB

§ 46a Nr. 2 StGB setzt voraus, dass der Täter das Opfer ganz oder zum ganz überwiegenden Teil entschädigt und dies erhebliche persönliche Leistungen oder persönlichen Verzicht erfordert. Inhaltlich orientiert sich die Schadenswiedergutmachung im Sinne des Nr. 2 an einer materiellen Schadensregulierung in Form von Geldzahlung, da das Gesetz ausdrücklich die Entschädigung vorgeschrieben hat.

Im Wege der Schadenswiedergutmachung des § 46a Nr. 2 StGB braucht der Täter nicht am persönlichen Ausgleichsverfahren teilzunehmen, aber seiner Erbringung der Entschädigung muss eine erhebliche persönliche Leistung oder ein persönlicher Verzicht zugrunde liegen. Der §46 a Nr. 2 StGB verlangt anstatt des Gebots der interpersonalen Konfrontation andere ideelle Momente zum Tatfolgenausgleich, die der Verhinderung des Freikaufs des Täters dienen.

Die „besonderen persönlichen Leistungen" bzw. der „persönliche Verzicht" soll nach der Begründung des damaligen Gesetzentwurfs [232] den Willen des Täters erkennen lassen, zum Ausgleich der von ihm verursachten Tatfolgen einen Beitrag zu erbringen, der über die rechnerische Kompensation hinausgeht. Ein solcher Beitrag sei Ausdruck einer individuellen Übernahme von Verantwortung und habe somit friedensstiftende Wirkung. Diese zusätzlichen Merkmale beziehen sich jedoch ausschließlich auf die täterseitigen Begleitumstände der Schadenswiedergutmachung [233], in denen es sich um die vom Täter selbst in Kauf genommenen Nachteile handelt, wie man im Tatbestand des § 60 S. 1 StGB erkennen kann.

Zu den konkreten Formen der „erheblichen persönlichen Leistungen" gehören beispielsweise eine umfangreiche Arbeit zugunsten des Opfers in der

---

232 Bundestagsdrucksache 12/6853, S. 22.
233 Kilchling 1996, S. 312.; Brauns 1996, S. 314.; Rössner/Klaus 1998, S. 53.

Freizeit [234]. Diese Leistungsform stellt eine der symbolischen Wiedergutmachungsleistungen dar. Allerdings muss es sich bei den Leistungen bei Nr. 2 um Leistungen handeln, die dem Opfer unmittelbar als Entschädigungsleistung zugute kommen, da das Gesetz ausdrücklich verlangt, dass die Leistungen zur Schadenswiedergutmachung erforderlich waren [235]. Damit scheiden die gemeinschaftsbezogenen Leistungen der symbolischen Tatwiedergutmachung, also gemeinnützige Arbeit oder andere Leistungsformen an gemeinnützige Einrichtungen, aus. Als „persönlicher Verzicht" kommen in der Regel Einschränkungen im finanziellen Bereich in Frage, die für den Täter spürbare Nachteile darstellen.

1.2.3. Anwendungsbereich

§ 46a StGB enthält zwar keine generelle Anwendungseinschränkung, jedoch tritt bei der Gesetzesauslegung eine deliktsbezogene Einschränkung in Erscheinung.

1.2.3.1. Keine Einschränkung auf Deliktsschwere

Der Anwendungsbereich des § 46a StGB beschränkt sich nicht auf bestimmte Delikte. Er erstreckt sich auf alle Formen von Straftaten, also leichte und schwere Kriminalität sowie Eigentums- und Gewaltdelikte.Ebenso gilt dies auch für die qualitative Anwendbarkeit: Das Gesetz kann nicht nur auf die Bagatellstraftaten, sondern auch auf die schweren Straftaten angewendet werden. Unterschiede gibt es aber nur hinsichtlich der dem die erforderlichen Voraussetzungen erfüllenden Täter zuzuweisenden Rechtsfolgen: Soweit die begangene Tat mit einer Freiheitsstrafe unter einem Jahr oder gleichwertiger Geldstrafe bestraft wird, kann von Strafe abgesehen werden, im übrigen kommt nur Strafmilderung nach §49 Abs. 1 StGB in Betracht. Die Tragweite dieses Gesetzes entspricht grundsätzlich insofern derjenigen des AE-WGM, als die Wiedergutmachung versucht, bei allen Schweregraden von Straftaten Geltung zu beanspruchen [236].

Im Zusammenhang mit der Anwendbarkeit des § 46a StGB auf die Gewaltdelikte hat Tröndle darauf hingewiesen, dass bei Taten, bei denen Ge-

234 Bundestagsdrucksache 12/6853, S. 22.
235 Brauns 1996, S. 315.
236 Baumann u.a. 1992, S. 27-30.

fahren für Leib und Leben droht oder Gewalt gegen eine Person angewandt wurde, eine Anwendung des § 46a StGB allenfalls in der Fallgruppe Nr. 1 in Betracht kommt, und nicht in Nr. 2, die in erster Linie für materiellen Schadensersatz bei Vermögensdelikten vorgesehen ist [237]. Eine ähnliche Regelung findet sich auch im SPD-Entwurf, der im Zusammenhang mit der Gesetzgebung des § 46a StGB im Rechtsausschuss des Deutschen Bundestags abgelehnt wurde: Nach § 24a Abs. 1 des damaligen SPD-Entwurfs kommt für Eigentums- und Vermögensdelikte nicht das Absehen von Strafe sondern nur eine obligatorische Strafmilderung in Betracht. Für Delikte mit Gewaltanwendung gegen eine Person oder mit den entsprechenden Drohungen ist nur fakultative Strafmilderung möglich (§ 24a Abs. 2 des SPD-Entwurfs) [238]. Dagegen sei nach der Begutachtung der Forschungsgruppe ein Täter-Opfer-Ausgleich für die Tatwiedergutmachung in Fällen, in denen gegen eine Person Gewalt angewandt wurde noch notwendiger. Gründe dafür sind, dass die Möglichkeit einer Konfliktaufarbeitung und -verarbeitung von der Praxis in diesem Deliktsbereich als besonders hilfreich erachtet werde. Der Anteil der Gewaltdelikte an den durchgeführten Täter-Opfer-Ausgleichsfällen betrage 73 % [239].

1.2.3.2. Opferbezogenheit der Anwendung

Die Auslegung des § 46a StGB weist aber eine gewisse Einschränkung der Anwendbarkeit auf. Die eingeschränkte Anwendungsmöglichkeit beruht vor allem auf dem Opferbegriff, der in Nr. 1 und 2 ausdrücklich, aber jeweils inhaltlich unterschiedlich geregelt ist.

Da die Personalisierbarkeit des strafrechtlichen Konflikts eine Voraussetzung des Täter-Opfer-Ausgleichs ist, und auch in § 46a Nr. 1 StGB ein persönlicher Ausgleich zwischen Täter und Opfer vorgeschrieben ist, beschränkt sich seine Anwendung nur auf die Straftaten, in denen ein kommunikationsfähiges Opfer vorhanden ist. Daher findet auf §46a Nr. 1 StGB nur die Straftaten mit vorhandenem Opfer Anwendung, auch die Ver-

---

237 Vgl. dazu Tröndle 1997, § 46a Rdnr. 3 f.; Nach der Rechtsprechung ist die Anwendung des § 46a StGB auf die Gewaltdelikte nur im Rahmen des Nr. 1 möglich. Vgl. BGH, Beschluss v. 2.5.1995-5 StR 156/95 = StV 1995, 464 ff. = NStZ 1995, 492 = wistra 1995, 307f.; auch BGH, Beschluss v. 22. 8. 1995-1 StR 476/95 = StV 1995, 653.

238 Bundestagsdrucksache 12/6141, S. 8.;

239 Vgl. dazu Bundesministerium der Justiz 1998, S. 56 f.;

suchstaten und Gefährdungstaten mit Bezug auf Individualrechtsgüter einschließen. Aus dem Anwendungsbereich herausgefallen sind schließlich nur die Straftaten, in denen kein Opfer erkennbar ist, wie abstrakte Gefährdungstaten und Versuchstaten bezüglich der Gemeinschaftsrechtsgütern.

Demgegenüber setzt § 46a Nr. 2 StGB keine interpersonale Konfrontation zwischen den Parteien voraus, sondern es ist lediglich die Schadenswiedergutmachung unter erheblichem Nachteil des Täters sanktionsrelevant. Bei § 46a Nr. 2 StGB geht es also sinngemäß um ein Opfer, das mit der Straftat nicht emotional, sondern nur als Adressat der Wiedergutmachungsleistung betroffen ist [240]. Der quantitative Umfang des Opfers greift in diesem Sinn über denjenigen der Nr. 1 hinaus. Hierunter fallen neben natürlichen und juristischen Personen in Sinne des persönlichen Opfers in Nr. 1 auch staatliche Behörden und Institutionen [241].

Dass sich der Opferbegriff im Sinnes des § 46 a Nr. 2 StGB auch auf denjenigen des § 46a Nr. 1 StGB erstreckt, dürfte aber nicht bedeuten, dass sich der Täter bei der Tatwiedergutmachung auf die Voraussetzung des § 46a Nr. 2 StGB berufen darf, ohne dass er den persönlichen Ausgleich mit dem Opfer im Sinne des § 46a Nr. 1 StGB auf sich nimmt. Diese Konsequenz ergibt sich überwiegend aus der teleologischen Auslegung des § 46a StGB: beim Tatfolgenausgleich muss in erster Linie der Täter-Opfer-Ausgleich des § 46a Nr. 1 StGB beachtet werden muss. Bei der Anwendung des § 46a StGB ist also Nr. 2 gegenüber Nr. 1 subsidiär [242]. Nr. 2 sollte somit auf Fälle angewendet werden, in denen es um Opfer geht, mit denen eine persönlicher Ausgleich nicht erfolgen, aber die Empfängern einer Entschädigung sein können, wie z.B. bei Umwelt- oder Wirtschaftsstraftaten.

Aus dem Anwendungsbereich des § 46a StGB ausgeschlossen werden nur solche opferlosen Straftaten, bei denen es sich um abstrakten Schaden für betroffene Allgemeinrechtsgüter handelt, wie z.B. die Versuchsstraftaten und die abstrakten Gefährdungsstraftaten. Für eine Tatwiedergutmachung bei diesen opferlosen Straftaten ist in § 46a StGB keine Regelung getrof-

240 Ebenso Meier 1996, S. 440.
241 Aber anders Brauns 1996, S. 316.
242 SK-Horn 1995, § 46a Rdnr. 7.; Lackner/Kühl 1997, § 46a Rdnr. 4.; Rössner/Klaus 1998, S. 53.; dagegen Kilchling 1996, S. 312, der die beiden Formen (Nr. 1 und Nr. 2) der Tatwiedergutmachung für gleichwertig hält.

fen. Es gibt aber keinen Grund, dass die Idee der strafrechtlichen Tatwiedergutmachung bei solchen Straftaten nicht anzuwenden ist. Ein autonomes Verhalten der Tatwiedergutmachung des Täters bei den opferlosen Straftaten muss gleichwertig beurteilt werden wie die Tatwiedergutmachung bei Individualrechtsgütern. Dieses Erfordernis entspricht schließlich dem Gebot der Gleichbehandlung gemäß Art. 3 GG. Diese Lücke sollte durch eine Gesetzänderung des § 46a StGB gefüllt werden.

1.2.3.3. Anwendbarkeit auf Steuerstrafrecht

Sobald das Gesetz verabschiedet worden war, wurde zunächst über die Anwendbarkeit des § 46a StGB auf Fälle der Steuerhinterziehung heftig diskutiert [243]. Da der Wortlaut des § 46a StGB keine ausdrückliche Beschränkung auf bestimmte Deliktstypen enthält, ist er Auslöser für die Frage, ob § 46a StGB über § 369 Abs. 2 AO auf die Wiedergutmachung bei Steuerhinterziehung anwendbar ist [244].

Für die Anwendbarkeit entscheidend ist, ob man die für die Steuersache zuständige Finanzbehörde bzw. den Staat als Opfer im Sinne dieser Vorschrift ansieht. Dabei wird die Steuerstraftat nach wohl herrschender Auffassung [245] und Rechtsprechung [246] aus dem Anwendungsbereich der § 46a Nr. 1 StGB herausgenommen, da diese Institutionen keine Opfer im Sinne einer kommunikativen Konfliktbewältigung sind. Es besteht keine über die Beeinträchtigung des Steueranspruches hinausgehende Konfliktsituation, die zur Erhaltung des Rechtsfriedens und im sowohl materiellen als auch immateriellen Interesse des Opfers vom Täter aufgelöst werden müsste. Ein Täter-Opfer-Ausgleich kann somit im Rahmen des § 46a Nr. 1 StGB nicht erfolgen [247].

---

243 So etwa Brauns 1996_a, S. 214-219.; Blesinger 1996, S. 90 f.; Schabel 1997, S: 201-206.

244 Brauns 1996_a, S. 215 f.

245 SK-Horn 1995, § 46a Rdnr. 3.; Meier 1996, S. 440.; Blesinger 1996, S. 90 f.; Schabel 1997, S. 204.; Rössner/Klaus 1998, S. 58 f.

246 BayObLG, Beschluss v. 28.2.1996-4 St RR 33/96 = StV 1996, 323 = wistra 1996, 152. Bei diesem Beschluss handelte es sich darum, dass die Nachzahlung hinterzogener Steuern keine Wiedergutmachung im Sinne des Täter-Opfer-Ausgleichs darstelle.

247 Vgl. dagegen Brauns 1996_a, S. 218, der die Angehörigen der Finanzverwaltung als Opfer ansieht.

Das wiedergutmachende Verhalten des Täter könnte dann nur im Rahmen der Nr. 2 in Rechnung gestellt werden. Da „Opfer" sich in dieser Alternative auch auf staatliche Institution erstreckt, gehört die Steuerstraftat zutreffend zu dieser Regelung. Der Täter kann damit grundsätzlich den von ihm durch Steuerhinterziehung verursachten Schaden wiedergutmachen. Die für die Vergünstigung relevante Wiedergutmachung soll aber nur unter bestimmten Voraussetzungen erfolgen: „erhebliche persönliche Leistungen oder persönliche Versicht". Die Merkmale spielen zwar als ein Hindernis für eine erfolgreiche Anwendung eine Rolle, da im Normalfall kaum vorstellbar ist, dass die Steuerlast unter Eigenbelastung des Täters beglichen wird. Ungeachtet dieser Einschränkung kann der Täter immerhin durch die Erfüllung der von Nr. 2 geforderten Eigenbelastung in den Genuss von den privilegierenden Rechtsfolgen kommen. Hierzu geeignete Leistungsformen sind z.B. Verzicht auf erfolgversprechende steuerrechtliche Rechtsbehelfsmöglichkeiten [248].

1.3. Rechtsfolgen

§ 46a StGB sieht als Rechtsfolge die Strafmilderung gemäss § 49 Abs. 1 StGB und das Absehen von Strafe vor.

1.3.1. Fakultative Regelung

Bei Vorliegen der Voraussetzung des § 46a StGB kann das Gericht die Strafe nach § 49 Abs. 1 StGB mildern oder, wenn keine höhere Strafe als Freiheitsstrafe bis zu einem Jahr oder Geldstrafe bis zu 360 Tagessätzen verwirkt ist, von Strafe absehen. Die in § 46a StGB vorgesehene Milderung oder das Absehen von Strafe kommt also nur fakultativ zur Anwendung. Die Anordnung dieser Rechtsfolgen ist in das pflichtgemäße Ermessen des Strafrichters gestellt.

Die „Kannregelung" der Rechtsfolgen macht deutlich, dass die sanktionsrechtliche Bedeutung des Instituts Täter-Opfer-Ausgleichs, die in einer größeren Förderung der Konfliktauflösung zwischen den Parteien besteht, in hohem Maße reduziert wird. Es wird auch befürchtet, dass die fakultative Möglichkeit des Rechtsfolgengebrauchs von der Staatsanwaltschaft bzw. dem Gericht nur zaghaft genutzt werden könnte. In Hinblick darauf,

248 Brauns 1996_a, S. 218.

dass der sanktionsrechtliche Normzweck des Täter-Opfer-Ausgleichs in einer weiteren Zurückdrängung der Freiheitsentziehung u.a. im Bereich mittelschwerer Kriminalität liegt, ist es daher erforderlich, dass in der Praxis unter diesen Gesichtspunkten mit der Regelung umgegangen werden muss. Daher wird de lege ferenda empfohlen, dass die Rechtsfolgenregelung obligatorisch ausgestaltet werden soll.

Trotz der im § 46a StGB klar vorgesehenen fakultativen Rechtsfolge wird in Frage gestellt, ob auch im Rahmen des § 46a StGB eine obligatorische Privilegierungsmöglichkeit durch Auslegung gewährt werden kann. *Meier* [249] hat vor allem gefordert, dass unter dem Gesichtspunkt des Subsidiaritätsprinzips bei Vorliegen der Voraussetzung des § 46a StGB der Richter von Strafe absehen bzw. den Strafrahmen gemäss § 49 Abs. 1 StGB senken muss (und nicht nur kann!). Nach dem Subsidiaritätsprinzip dürfe unter den Reaktionsweisen die am tiefsten in die Rechtsstellung des Täters eingreifende Reaktionsform nur dann herangezogen werden, wenn die mit ihr verfolgten Zwecksetzungen anders nicht erreichbar seien. Die staatliche Strafverhängung gegen den Täter könne daher nur dann legitimiert werden, wenn Täter-Opfer-Ausgleich und Wiedergutmachung diesen Zweck nicht bereits erreichten. Aus diesem Ausgangspunkt hat er die obligatorische Privilegierungsmöglichkeit wie folgend gefolgert: „ Bei Vorliegen der Voraussetzung des § 46a Nr. 1 StGB soll das Gericht prüfen, ob unter den Aspekten der Strafzwecke die Bestrafung noch erforderlich ist. Wenn dies bejaht wird, muss das Gericht die Strafe verhängen, kann aber von der Möglichkeit der Strafmilderung nach § 49 Abs. 1 StGB Gebrauch machen, wenn dies im Hinblick auf die Verwirklichung der Strafzwecke durch Wiedergutmachung gerechtfertigt erscheint. Ist eine weiteres Strafbedürfniss nicht erforderlich, so kommt es darauf an, ob der Täter ohne die Wiedergutmachung eine Freiheitsstrafe bis zu einem Jahr oder Geldstrafe bis zu 360 Tagessätzen verwirkt hätte: Ist dies nicht der Fall, muss (nicht: kann!) das Gericht in Hinblick auf den Subsidiaritätsgrundsatz von Strafe absehen; Ist dies nicht der Fall, muss (nicht: kann!) die Strafe aus demselben Grund nach § 49 Abs. 1 StGB gemildert werden. § 46 Abs. 2 StGB findet demgegenüber nur dann Anwendung, wenn bereits die Voraussetzung des § 46a StGB nicht erfüllt ist; Die Strafe kann hier nach allgemeinen Grundsätzen gemildert werden, ohne dass dabei freilich der Sonderstrafrahmen des § 49 Abs. 2 eröffnet wäre“.

---

249 Meier 1996, S. 436, 441.

Ähnliche Argumente wie von *Meier* werden unter dem Gesichtspunkt des Strafzweckes auch von *Rössner/Klaus* [250] vertreten. Die fakultative Rechtsfolgenausgestaltung des § 46a StGB könne zwei wichtige Probleme hervorrufen: zum einen Verhinderung einer flächendeckenden Anwendung der Wiedergutmachng, zum anderen Infragestellen der unsachlichen Selektion und Ungleichbehandlung. Als Ausweg dieser Problematik zeigen Sie, dass das Handlungsermessen teleologisch auf Sinn und Zweck des § 46a StGB insgesamt bezogen werden soll. Das Handlungsermessen des Gerichts soll allein auf die Frage abgestellt werden, ob die strafrechtliche Wiedergutmachung im konkreten Fall gemessen an den Strafzwecken zur vollständigen bzw. teilweisen Wiederherstellung des Rechtsfriedens ausreicht. Diese sachgerechte teleologische Reduktion des Ermessens beinhalte somit allein nur die negative Prüfung, ob Aspekte des Schuldausgleichs sowie der Strafzwecke entgegenstehen und durch eine zusätzliche Reaktion ausgeglichen werden müssen. Sei dies nicht der Fall, müsse das Gericht je nach den Voraussetzungen mildern bzw. von Strafe absehen.

1.3.2. Strafzumessungssystematik des § 46a StGB

Die Rechtsfolgefeststellung hinsichtlich des § 46a StGB wird zunächst wie folgend erfolgen: Bei der Rechtsfolgenentscheidung des Gerichts bezüglich eines erfolgreich durchgeführten Tatfolgenausgleichs ist aber der allgemeine Grundsatz zu beachten, dass die Strafhöhe nur innerhalb eines bereits festgestellten Strafrahmens bestimmt werden kann, also die Festsetzung des Strafrahmens jener der Strafhöhe immer vorauszugehen hat [251]. Aufgrund dieses Grundsatzes hat der Richter zunächst festzustellen, ob die Voraussetzungen des § 46a StGB gegeben sind. Dabei darf der Tatrichter nicht § 46 Abs. 2 StGB vorrangig prüfen, da die Strafzumessungserwägungen nach § 46 gegenüber § 46a StGB nachrangig sind [252].

Liegen die Voraussetzung des § 46a StGB vor, hat der Tatrichter zu prüfen, ob eine Bestrafung zur Einwirkung auf die Allgemeinheit oder den Täter noch erforderlich ist. Wird dies bejaht, muss das Gericht die Strafe verhän-

250 Rössner/Klaus 1998, S. 60.

251 SK-Horn 1995, § 46 Rdnr. 50. und § 46a Rdnr. 8.

252 SK-Horn 1995, § 46 a Rdnr. 9.; Meier 1996, S. 441.; auch Rössner/Klaus 1998, S. 62.; a. A. Tröndle 1997, § 46 a Rdnr. 4., der einen Nachrang des § 46a gegenüber der nach § 46 erforderlichen Gesamtwürdigung von Tat und Persönlichkeit des Täters verlangt.

gen, kann dabei aber von der Möglichkeit der Strafmilderung nach § 49 Abs. 1 StGB Gebrauch machen, wenn dies im Hinblick auf die Verwirklichung der Strafzwecke durch die Wiedergutmachung gerechtfertigt erscheint. Wenn aus der Sicht des Gerichts ohne die Wiedergutmachung die verwirkte Strafe eine Freiheitsstrafe bis zu einem Jahr oder entsprechende Geldstrafe wäre, dann kann das Gericht von der Strafe absehen, soweit es präventive Strafbedürfnisse gegenüber dem Täter und der Tat nicht mehr für gegeben hält, oder die Strafe nach § 49 Abs. 1 StGB mildern, soweit trotz des geringen Unrechtsgewichts präventive Strafbedürfnisse gegeben sind.

2. Symbolische Wiedergutmachung im Strafverfahren

2.1. Verfahrensrechtliche Verankerung der Tatwiedergutmachung

Geht man davon aus, dass der bestehende Konflikt zwischen Täter und Opfer im Strafverfahren möglichst in konstruktiver Weise und so früh wie möglich erledigt werden soll, betrifft dies das staatsanwaltschaftliche Vorverfahren. Die in § 46a StGB vorgesehene Möglichkeit der Tatwiedergutmachung wurde im staatsanwaltschaftlichen Verfahrensstadium bisher jedoch noch nicht in wünschenswertem Maße verwirklicht. Als wichtiger Grund dafür wird vielfach das Fehlen einer verfahrensrechtlichen Verankerung der Tatwiedergutmachung in der Strafprozessordnung genannt [253].

2.1.1. Gefahr der restriktiven Anwendung des § 46a StGB durch die Staatsanwaltschaft

Im Zusammenhang mit der prozessualen Verwirklichung der materiellrechtlichen Tatwiedergutmachung in § 46a StGB hat der Gesetzgeber in der Strafprozessordnung keine klare Regelung getroffen. Einzig einschlägige Norm für die Verfahrenseinstellung im Hinblick auf die erfolgreich zustande gebrachte Tatwiedergutmachung ist § 153b StPO, wonach bei Erfüllung der Voraussetzung des § 46a StGB die Staatsanwaltschaft mit Zustimmung des für die Hauptverhandlung zuständigen Gerichts von der Klageerhebung absehen kann. Dabei kann aber die Gefahr bestehen, dass die Staatsanwaltschaft die Rechtsfolgen des § 153b StPO in Verbindung mit § 46a StGB nur restriktiv anwenden würde, wenn ihr das eindeutige Absehen von Strafe als eine Belohnung für Tatwiedergutmachung nicht bekannt wäre. Dies wird deutlich, wenn man betrachtet, dass eine Herbeiführung des Täter-Opfer-Ausgleichs und der Wiedergutmachung immer noch nicht als offizielle Aufgabe der Kriminaljustiz angesehen wird [254]. Für den effektiven Umgang mit dem Tatfolgenausgleich bedarf es daher überwiegend des Umdenkens der Verfolgungsorgane über die Verfahrenseinstellung nach der Wiedergutmachung und einer flexiblen Handhabungsmöglichkeit symbolischer Wiedergutmachung.

---

253 Dahs 1995, S. 553.; König/Seitz 1995, S. 2.; Kaiser 1994, S. 318.; Meier 1996, S. 441.

254 Walther 1999, S. 127.

2.1.2. Erforderlichkeit der Belehrung über die Tatwiedergutmachung

Ein effektives Zustandebringen der Tatwiedergutmachung hängt in der Regel davon ab, dass die Justiz sowohl dem Beschuldigten als auch dem Verletzten frühzeitig Informationen über die Möglichkeit des Tatwiedergutmachung und deren Rechtsfolge gibt. Damit können die Ziele der neuen strafrechtlichen Konzeption in möglichst vielen Fällen erreicht werden. Da aber bei der Gesetzgebung des § 46a StGB der Gesetzgeber keine klaren verfahrensrechtlichen Bezüge vorgesehen hat, ist es den Tatbetroffenen überlassen, wann der Täter-Opfer-Ausgleich und damit die Wiedergutmachung durchgeführt wird. Der Tatfolgenausgleich kann also nach § 46a StGB vom Ermittlungsverfahren bis zum Ende der Beweisaufnahme erfolgen. Aber es gibt auch in der Strafprozessordnung keine ausdrückliche Zuständigkeitsverteilung bezüglich der Tatwiedergutmachung. Dies kann dazu führen, dass die Tatwiedergutmachung im Einzelfall möglicherweise weder von der Staatsanwaltschaft noch vom Gericht initiiert oder gefördert wird [255]. Nach jetziger Gesetzeslage in der StPO brauchen die Staatsanwaltschaft und das Gericht keine Belehrung über den freiwilligen Tatfolgenausgleich durchzuführen. Insofern wird empfohlen, eine Regelung zu schaffen, die die Justiz verpflichtet, in geeigneten Fällen den Beschuldigten und den Verletzten auf die Möglichkeiten des Tatfolgenausgleichs hinzuweisen, um damit auf die Erreichung eines Tatfolgenausgleichs zwischen beiden Beteiligten aktiv hinzuwirken [256].

2.2. Symbolische Wiedergutmachung nach § 153a StPO bei opferlosen Straftaten

Die symbolische Wiedergutmachung bei opferlosen Delikten, die wegen der fehlenden Gesetzgebung aus der Anwendung des § 46a StGB herausfallen, kann vorläufig de lege lata im Rahmen des §153a StPO berücksichtigt werden.

---

255 Meier 1996, S. 441.

256 Eine Hinweispflicht in Bezug auf die Tatwiedergutmachung gibt es zwar in der StPO nicht, findet sich jedoch im Gesetzentwurf der Bundesregierung. Vgl. dazu Entwurf eines Gesetzes zur strafverfahrensrechtlichen Verankerung des Täter-Opfer-Ausgleichs, Bundesratsdrucksache 325/99, S. 6.

2.2.1. Kriterien der Verfahrenseinstellung nach § 153a StPO

2.2.1.1. Die der Einstellung nicht entgegenstehende Schuld

Da das Verfahren des § 153a StPO seinem Wortlaut nach bei allen Vergehen in Betracht kommt, könnte es zur umfassenden Entkrimnalisierung verwendet werden. Während die bisherige Opportunitätsnorm nach § 153a StPO nur bei geringer Schuld des Täters angewandt werden konnte, hat der Gesetzgeber nunmehr den Anwendungsbereich des § 153a StPO durch das Rechtspflege-Entlastungsgesetz [257] erweitert. So besteht die Anwendungsmöglichkeit nach der Gesetzesänderung bereits dann, wenn die Schwere der Schuld der vorläufigen Einstellung nicht entgegensteht. Mit der Ausdehnung der Einstellungsmöglichkeiten will der Gesetzgeber § 153a StPO auch auf die mittlere Kriminalität anwendbar machen, um die Justiz zu entlasten und eine Konzentration auf die schwere Kriminalität zu ermöglichen [258].

Freilich bleibt offen, was von dem Begriff nicht entgegenstehender Schuld erfasst wird. Die Frage nach nicht entgegenstehender Schuld könnte aber wesentlich davon abhängen, ob bei dem Maß der festgestellten Schuld eine formelle strafrechtliche Sanktion notwendig erscheint. Maßgeblich beeinflusst wird die Schuldfeststellung vor allem durch die Straftat verursachten Schadensfolgen. Bei opferlosen Straftaten, in denen das Unrechtsgewicht bis hin zu mittelschweren Straftaten reicht, kann ein Verzicht auf die Verfolgung begründet werden. Insbesondere bei Wirtschaft- und Steuerstraftaten kann von der Verfolgung abgesehen werden, wenn der Schaden nicht zu erheblich ist [259].

2.2.1.2. Beseitigung der öffentlichen Interessen durch Auflagen

Eine noch weitere Voraussetzung für die Verfahrenseinstellung nach § 153 a StPO ist das Merkmal des „öffentlichen Interesses" an weiterer Strafverfolgung. Bei diesem Merkmal besteht zwischen §§153, 153a StPO ein Stufenverhältnis, weil das verbleibende öffentliche Interesse an der Strafverfolgung, das aus der Anwendung des § 153 StPO ausgeschlossen

---

257 Die Ergänzung erfolgte durch das Gesetz zur Entlastung der Rechtspflege vom 11. Januar. Dazu Bundesgesetzblatt I. 1993. S. 50.
258 Bundestagsdrucksache 12/1217, S. 34.
259 Kleinknecht/Meyer-Goßner 1999, § 153a Rdnr. 7.

ist, weitgehend durch die Auflagen und Weisungen nach §153a StPO beseitigt werden kann. Was man aber unter dem Begriff des „öffentlichen Interesses" verstehen kann, ist aus zwei verschiedenen Richtungen zu betrachten.

Nach einer Ansicht soll die Definition des öffentlichen Interesses des Regelbeispieles in Nr. 86 Abs. 2 der Richtlinie für das Strafverfahren und das Bußgeldverfahren (RiStBV), die für Privatklagesachen gilt, herangezogen werden [260]: „Ein öffentliches Interesse wird in der Regel vorliegen, wenn der Rechtsfrieden über den Lebenskreis der Verletzten hinaus gestört und die Strafverfolgung ein gegenwärtiges Anliegen der Allgemeinheit ist, zum Beispiel wegen des Ausmaßes der Rechtsverletzung, wegen der Roheit oder Gefährlichkeit der Tat, der niedrigen Beweggründe des Täters oder der Stellung des Verletzten im öffentlichen Leben". Diese Ansicht wird von *Meyer* [261] wegen der Unterschiedlichkeit zwischen dem Opportunitätsprinzip nach §§ 153 f StPO und der Privatklage nach § 376 StPO abgelehnt. Vor allem wegen des Unterschieds, dass bei der Verneinung des öffentlichen Interesses bei § 153 StPO jede Verfolgung unterbleibe, bei § 376 StPO jedoch die Durchführung des Privatklageverfahrens unbenommen bleibe.

Eine andere Auffassung sieht im präventiven Strafzweck den wichtigsten Anhaltspunkt für die Entscheidung über das öffentliche Interesse an der Strafverfolgung [262]. Danach kann aus general- und spezialpräventiven Gründen ein öffentliches Interesse an der weiteren Strafverfolgung trotz geringer Schuld bejaht werden. Bei der Generalprävention kommt es vor allem darauf an, dass die reaktionslose oder im Fall der Auflage straflose Einstellung desVerfahrens die Rechtstreue der Bevölkerung nicht erschüttert [263]. Die unter dem Gesichtspunkt der Generalprävention aus dem Anwendungsbereich der §§ 153, 153a StPO ausgeschlossenen Fallkonstellationen sind beispielsweise gewalttätige Ausschreitungen von Fußballrowdies, Verkehrs- und Umweltdelikte mit schweren Folgen und geringer indi-

260 AK-StPO-Schöch 1992, § 153 Rdnr. 20.; dagegen M-K. Meyer 1997, S. 412 f.
261 M-K. Meyer 1997, S. 412 m.w.N.
262 Kleinknecht/Meyer-Goßner 1999, § 153 Rdnr. 7.; LR-Rieß 1989, § 153 Rdnr. 25.; Schäfer 1995, S. 10.
263 AK-StPO-Schöch 1992, § 153 Rdnr. 21.

vidueller Schuld oder organisierte öffentliche Straftaten von politischen Extremisten [264].

2.2.2. Symbolische Leistungen im Auflagenkatalog

Zu den im Rahmen des § 153a StPO ausdrücklich genannten Leistungsformen der symbolischen Wiedergutmachung gehören ein Geldbetrag zugunsten einer gemeinnützigen Einrichtung oder der Staatskasse (Nr. 2), sonstige gemeinnützige Leistungen (Nr. 3) und Unterhaltszahlung (Nr. 4). Diesbezüglich wurde indes kritisiert, dass der Geldbetrag an die Staatskasse im Jahre 1989 über 89 % aller verhängten Auflagen ausgemachte [265]. Ein Grund dafür ist möglicherweise, dass die Verfolgungsorgane eine Auferlegung eines Geldbetrags unkomplizierter handhaben können als andere Auflagen. Da aber der Geldbetrag zugunsten der Staatskasse nicht mit sozialkonstruktiver Leistung harmonieren kann und damit eine Annäherung an Geldstrafe darstellt, ist es erforderlich, dass der gemeinnützigen Leistung als konstruktiver Form der Tatwiedergutmachung mehr Gewicht verliehen wird als der bloßen Geldzahlung an die Staatskasse. Die gemeinnützigen Leistungen haben zudem den Vorteil, den finanziell nicht zahlungsfähigen Beschuldigten zu helfen.

Die Verpflichtung zur Erbringung der Auflagen ist mit der Zustimmung des Beschuldigten verbunden. Insofern stellen die symbolischen Leistungen in § 153 a StPO keine strafähnlichen Sanktionen dar. Es handelt sich um ein Beendigungsverfahren mit Selbstunterwerfung, wobei die Auflagen den Charakter besonderer nichtstrafrechtlicher Sanktionen haben [266]. Im Zustimmungsverfahren wird in der Praxis zunächst die Zustimmung des Gerichts eingeholt und dann erst der Beschuldigte befragt. Um aber die Zumutbarkeit zu berücksichtigen und damit eine angemessene Lösung bezüglich der aufzuerlegenden Auflage zu finden, wäre es noch besser, die Befragung mit dem Beschuldigten zu beginnen [267]. Dies ermöglicht dann eine tatbezogene Leistungserbringung, um dem Beschuldigten seine mit der Tat verbundene Schuld bewusst werden lassen.

---

264 Baumann u.a. 1992, S. 52.; Kleinknecht/Meyer-Goßner 1999, § 153 Rdnr. 7.; LR-Rieß 1989, § 153 Rdnr. 25.
265 Krehl in: HK-StPO 1999, § 153 Rdnr. 25.
266 Kleinknecht/Meyer-Goßner 1999, § 153a Rdnr. 12.
267 Kleinknecht/Meyer-Goßner 1999, § 153a Rdnr. 32.; KK-Schoreit 1999, § 153a Rdnr. 26.

2.2.3. Stufenverhältnis zwischen der zwangsweisen Auflagenanordnung und der freiwilligen symbolischen Wiedergutmachung

Ungeachtet der de lege lata vorhandenen Möglichkeit der symbolischen Wiedergutmachung bei opferlosen Straftaten im Rahmen des § 153a StPO sollte man sich grundlegend überlegen, ob sich die geltende Systematik der Tatwiedergutmachung des § 153a StPO mit der des §46a StGB verträgt. Im geltenden Recht sind zwei ganz unterschiedliche Wiedergutmachungsmodelle verankert. Eine ist die Wiedergutmachung im Auflagensystem, in dem dem Täter die materielle und symbolische Wiedergutmachungsleistung qua Sanktion abverlangt wird (§§56b, 59a StGB, §§ 10, 15 JGG, § 153a StPO). Ein anderes Wiedergutmachungsmodell ist auf die Autonomie des Täters ausgerichtet, in der er eine freiwillige Leistung der Tatwiedergutmachung erbringt und danach mit Strafmilderung oder Absehen von Strafe honoriert wird. In einem wiedergutzumachenden Fall stehen der Staatsanwaltschaft, solange der autonome Tatfolgenausgleich zwischen Täter und Opfer nicht in Gang gebracht ist, zwei Möglichkeiten offen, entweder dem Täter zwangsweise (symbolische) Wiedergutmachung aufzuerlegen, oder im Vorverfahren die freiwillige Tatwiedergutmachung zwischen Täter und Opfer zu fördern.

Die zwangsweise Auferlegung der Wiedergutmachungsleistungen werden jedoch durch die freiwillige Tatwiedergutmachung gemäß § 46a StGB verdrängt. Denn die freiwillige Tatwiedergutmachung enthält mehr präventive Wirkung als die zwangsweise Anordnung einer Auflage und geht damit der zwangsweise auferlegten Wiedergutmachung vor [268]. Ferner fehlt es den Auflagen des § 153a StPO an einer konstruktiven Form der Tatwiedergutmachung, nämlich dem Täter-Opfer-Ausgleich. Insofern darf bei einem nach § 46a StGB wiedergutzumachenden Fall die Wiedergutmachungsnorm des § 153a StPO nicht eingreifen.

2.3. Symbolische Wiedergutmachung im Sühneverfahren

Das Sühneverfahren als Voraussetzung der Privatklage ist ein herkömmliches Institut des deutschen Strafprozesses. Mit diesem prozessualen Instrument verfolgt man friedensstiftende Konfliktslösungsstrategien im Rahmen des außergerichtlichen Schlichtungsverfahrens. Es hat bei der

268 Rössner/Klaus 1998, S. 64.; auch Bundesministerium der Justiz 1998, S. 17.

strafrechtlichen Sozialkontrolle vor allem den Vorteil, dass bei Kleinkriminalität [269] die konstruktive Konfliktlösung zwischen den Beteiligten z.B. durch materielle oder symbolische Wiedergutmachung eine gegenüber der Durchsetzung des normalen Strafverfahrens vorzugswürdige Variante bietet [270]. Diese konstruktive Funktion des Sühneverfahrens findet in § 380 Abs.1 S. 1 StPO seinen Niederschlag. Nach dieser Vorschrift ist die Privatklage erst zulässig, nachdem von einer durch die Landesjustizverwaltung zu bezeichnenden Vergleichsbehörde die Sühne erfolglos versucht worden ist.

Von der Gesetzessystematik her gesehen haben das Sühneverfahren und die freiwillige Wiedergutmachung im Sinne des § 46a StGB nebeneinander eine ergänzende Funktion für den konstruktiven Tatfolgenausgleich. Während der Sühneversuch nur bis zur Entscheidung über die Eröffnung der Hauptverhandlung relevant ist, weil er eine besondere Klagevoraussetzung ist, besteht immer noch eine Ausgleichsmöglichkeit durch § 46a StGB, auch wenn der Sühneversuch gescheitert ist. Da es für den Tatfolgenausgleich in § 46a StGB keine bestimmte zeitliche Grenze gibt, d.h. die Beteiligten nur vor dem Zeitpunkt der Beweisaufnahme einen Tatfolgenausgleich zustande bringen müssen, können sie innerhalb dieses Zeitrahmens den bestehenden Konflikt freiwillig lösen.

Der Sühneversuch ist jedoch als eine obligatorische Voraussetzung der Privatklage ausgestaltet. Faktisch wird das Opfer als Antragsteller von der Justiz zunächst an das Schlichtungsverfahren vor dem Schiedsmann verwiesen. Es besteht Kostenvorschusspflicht (§ 380 Abs. 2 StPO). Daraus entsteht bei den Antragstellern anfänglich Skepsis, die allerdings bei der Durchführung des Schiedsverfahrens schwindet und sich in Akzeptanz verwandelt [271]. Das Erscheinen zum Sühnetermin wird auf der Seite des Täters durch Androhung eines Ordnungsgeldes beeinflusst. Damit können Zweifel an der Freiwilligkeit des Sühneverfahrens entstehen [272].

---

269 Dementsprechend sind in § 380 Abs. 1 StPO nur die aus dem sozialen Nahraum entstandenen Straftaten geregelt: Hausfriedensbruch, Beleidigung, Verletzung des Briefgeheimnisses, Körperverletzung (§§ 223, 223a, 230 StGB), Bedrohung, Sachbeschädigung.

270 AK-StPO-Rössner 1996, § 380 Rdnr. 1.

271 Gutknecht 1995, S. 174.

272 Vgl. dazu E. Hassemer 1998, S. 405-408.

In einer empirischen Untersuchung über das Sühneverfahren wurde gezeigt, dass im Sühnevorgang eher die symbolische Wiedergutmachungsleistung eine herausragende Rolle gespielt hat [273]. *Gutknecht* berichtet in bezug auf die nordrhein-westfälische Schlichtungspraxis, dass sich in den vor dem Sühnemann abgeschlossenen Vergleichen ein breites Spektrum an Vereinbarungen findet, wobei die finanzielle Ausgleichsregelung sowie die Entschuldigung als symbolische Ausgleichsleistungen dominieren [274]. In 20 % der Vereinbarungen war allein Entschuldigung als symbolische Leistung im Vergleich vereinbart worden, und in 50 % der Fälle die Entschuldigung als zusätzliche Form [275]. Im übrigen wurden 4,4 % Spenden zugunsten einer gemeinnützigen Einrichtung vereinbart.

273 Gutknecht 1995, S. 149 -151.
274 Gutknecht 1995, S. 215.
275 Gutknecht 1995, S. 191.

3. Symbolische Wiedergutmachung außerhalb des § 46a StGB

3.1. Symbolische Wiedergutmachung im Strafvollzug

Die Wiederherstellung des Rechtsfriedens durch die materielle oder symbolische Wiedergutmachung beschränkt nicht nur auf den Bereich des Strafausspruchs, sondern ist auch im Vollzugsstadium notwendig, um bessere Einsicht des Gefangenen in die Tatschuld zu ermöglichen und damit zum Ziel effektiver Resozialisierung beizutragen. Für die Kompensation der Defizite der herkömmlich täterorientierten Strafvollzugsgestaltung bedarf es einer der flächendeckenden Tatwiedergutmachungsidee angepassten Konzeption des Vollzugsziels und deren vollzugsrechtlichen Konkretisierung.

3.1.1. Tatwiedergutmachung als zeitgemäßes Vollzugsziel

Die Wiedergutmachung im Strafvollzug ist von Reformversuchen [276] zur besseren Vollzugsausgestaltung unter Einschluss der Opferperspektive zwar mehrfach gefordert worden. Sie wurde aber nicht mit dem am 1.1.1977 in Kraft getretenen Strafvollzugsgesetz verwirklicht, und wird auch in den heutigen Reformversuchen immer noch vernachlässigt [277]. Die Reformversuche haben immer gefordert, dass sich der Gefangene mit seiner Tat und ihren Folgen auseinandersetzen und seine Pflicht zum Ausgleich erkennen soll. Dadurch können die Ängste des Opfers vor einer neuen Tat abgebaut werden. Vor diesem sowohl praktischen als auch theoretischen Hintergrund sollte das Vollzugsziel stark auf den konstruktiven Täter-Opfer-Ausgleich und die Wiedergutmachung ausgerichtet werden.

Mit der Konzeption der opferbezogenen Vollzugsausgestaltung betonen *Rössner/Wulf* [278], dass der materielle, immaterielle und symbolische Ausgleich mit der herkömmlichen Frage nach dem vollzuglichen Zweck in engem Zusammenhang steht, und das jetzige Vollzugsgesetz darauf ausgerichtet werden soll, durch die freiwillige Tatwiedergutmachung den Gefangenen zu befähigen, künftig in sozialer Verantwortung ein Leben ohne

276 Vgl. eingehend Rössner/Wulf 1984, S. 103-123.; Wulf 1985, S. 67-77.

277 Vgl. zur kriminalpolitischen Entwicklung des vollzuglichen Täter-Opfer-Ausgleich, vor allem Rössner/Klaus 1998, S. 97-100.

278 Rössner/Wulf 1984, S. 103-123.

Straftaten zu führen (§ 2 S. 1 StVollzG). Bei ihnen wird also die Regelung des Vollzugsziels in § 2 S. 1 Strafvollzugsgesetz als ein Ansatzpunkt für vollzugsrelevanten Täter-Opfer-Ausgleich angesehen. Das Ziel des Strafvollzugs hängt danach künftig von der Einsicht in die Leiden des Geschädigten und der Verbrechensopfer überhaupt ab.

Noch ein weiteres Argument für die opferbezogene Vollzugsausgestaltung findet sich bei *Brenzikofer*[279]. Zunächst bezweifelt er, ob es eine zeitgemäße Resozialisierung sei, dass der Gefangene nur die vom Staat verhängte Strafe absitzt. Daran anschließend zieht er für die Tatwiedergutmachung im Strafvollzug den Schluss, dass Kontakte zum Opfer mit dem Zweck, sich zu versöhnen oder eine Schuldtilgung vorzubereiten, eine klare Basis bildeten für die Wiedereingliederung des Täters in die Gesellschaft. Er fordert schließlich, der Strafvollzug müsse zu einem Ort echter Wiedergutmachung werden. Entscheidend ist nicht die vollständige materielle Entschädigung, sondern das seelische Geschehen, das durch die Kontaktaufnahme mit dem Opfer ausgelöst wird.

Die oben angeführten Argumente begründen, dass die Opferperspektive auch in den Strafvollzug eingebettet werden muss, da die freiwillige Verantwortungsübernahme des Täters auch während der Vollzugszeit gefördert werden soll, um die Einsicht des Gefangenen in die Tatschuld bestmöglich zu erreichen. Wenn man darüber hinaus darauf abstellt, dass es sich beim Strafvollzug in der Regel um schwere Straftaten handelt, ist eine ideelle Konfliktlösung durch die mittelbare oder unmittelbare Begegnung zwischen den Tatbetroffenen besonders erforderlich, damit das Opfer Ängste vor weiteren Straftaten abbauen kann. Diese innere autonome Verantwortungsübernahme des Gefangenen trägt zu seiner Resozialisierung besser bei, als wenn er den Plan des Vollzugs erduldet und damit nur passive Sühne leistet. Bei der Annahme der notwendigen Einbeziehung der Tatwiedergutmachung in das Vollzugsrecht stößt man aber auf die Schwierigkeit, dass weder in gesetzgeberischen Reformversuchen noch im geltenden Gesetz ein klarer Bezugspunkt für die Tatwiedergutmachung im Vollzug zu finden ist. Mittelbar einschlägiger Anknüpfungspunkt ist die Norm des § 73 StVollzG, wonach der Gefangene in dem Bemühen unterstützt wird, einen durch die Straftat verursachten Schaden zu regeln. Dieses Gesetz bezieht sich jedoch lediglich auf die Schadensregulierung. Für einen immateriellen

279 Brenzikofer 1982, S. 372.

bzw. symbolischen Tatfolgenausgleich, der für die Schuldeinsicht des Täters und das Verständnis des Opfer für das Geschehene elementar erscheint, lässt sich keine ausdrückliche Regelung erkennen. Es bedarf in diesem Sinne einer ausdrücklichen Festigung der Tatwiedergutmachung im Vollzugsgesetz.

3.1.2. Probleme bei der Umsetzung der Tatwiedergutmachung im Strafvollzug

Neben dem Problem des materiellen Ausgleichs wegen geringer Arbeitsentlohnung bei der Umsetzung der Tatwiedergutmachung im Strafvollzug besteht noch die weitergehende Schwierigkeit, dass unter den Bedingungen des Freiheitsentzuges es an einer Bereitschaft des Gefangenen mangeln wird, eine immaterielle oder symbolische Wiedergutmachung zu leisten. Denn mancher Straffällige sieht seine Tat durch die Strafverbüßung als „erledigt“ an. Dies betrifft vor allem den Vollzug der lebenslangen und langen Freiheitsstrafe. Hier verbirgt sich ein Hemmnis für ein erfolgreiches Zustandebringen einer Tatwiedergutmachung im Strafvollzug. Die Schwierigkeit eines Zustandebringens der symbolischen Tatwiedergutmachung ergibt sich aber auch aus der Opferperspektive: Die Verarbeitung schwerer Straftaten stellt für das Opfer oder dessen Angehörige ein großes psychisches Problem dar und ist mit einem langwierigen Verarbeitungsprozess verbunden. Es dürfte das Opfer dann eher beeinträchtigen, wenn Vollzugspersonal oder ein Vermittler, also Seelsorger, Psychologe oder Sozialarbeiter, einen Ausgleichsversuch unreflektiert und unprofessionell unternimmt. Da eine direkte Kontaktaufnahme zwischen Opfer und Gefangenem eine hochsensible Angelegenheit ist, sollte der Kontaktversuch behutsam, also langfristig und fachkundig angestellt werden.

3.1.3. Denkbare Leistungsformen im Strafvollzug

Die Schadenswiedergutmachung im Vollzug ist ein wichtiges Instrument für die Tatwiedergutmachung. Dieser Aspekt ist auch in §57 Abs. 3 StGB in Verbindung mit § 56b Abs. 2 Nr. 2 StGB berücksichtigt. Jedoch erschöpft sich die Tatwiedergutmachung nicht nur in der Schadensregulierung, zu der Täter ohnehin verpflichtet ist. Der Strafvollzug darf nicht zu einer „Exklave“ des Schadensersatzrechts werden und nicht zu einem

„Schulden- und Schuldentwöhnungstraning“ verkommen [280]. Vielmehr muss die Schadensregulierung in dem Bemühen um einen persönlichen Täter-Opfer-Ausgleich erfolgen, weil für die bessere Resozialisierung und Rehabilitation die innere Sühneleistung wichtig ist. Je schwerer die durch den Täter begangene Tat ist, desto erforderlicher ist immaterielle bzw. symbolische Tatwiedergutmachung in kombinierter oder selbständiger Form. Die symbolische Tatwiedergutmachung kann durch das Schreiben eines Briefes an das Opfer oder stellvertretende Auseinandersetzung mit dem Opfer erfolgen [281]. Durch diese Art der immateriellen Leistung kann der Schuldeinsicht des Täters noch besser gedient werden. Aber auch therapeutische Bemühungen, die von den Gefangenen im Straf- und Maßregelvollzug freiwillig unternommen werden, müssen als angemessene Leistung zur symbolischen Wiedergutmachung angesehen werden, um damit zur Vollzugslockerung zu führen [282].

Im Fall der Mitwirkungsverweigerung des Opfers, aus welchen Gründen auch immer, oder der opferlosen Straftaten kann der Gefangene eine symbolische Leistung gegenüber der Allgemeinheit, wie z.B. zugunsten einer gemeinnützigen Einrichtung, ohne weiteres erbringen. Die gemeinnützige Arbeit kann sowohl im geschlossenen Vollzug als auch im Rahmen von Lockerungen abgeleistet werden [283]. Zu den im geschlossenen Vollzug möglichen gemeinnützigen Leistungen gehören Reparaturen für bedürftige Mitbürger in vollzugseigenen Werkstätten oder das Besprechen von Tonbandkassetten für Blinde mit Buch- und Zeitungstexten. Gemeinnützige Arbeit im Rahmen von Lockerungsgruppen kann im Bau von Kinderspielplätzen oder in Umweltschutzmaßnahmen liegen [284]. Sühne und Schuld lassen sich damit nicht durch Lippenbekenntnisse vortäuschen, sondern durch soziales Verhalten unter Beweis stellen.

3.2. Symbolischen Wiedergutmachung im JGG

Im Jugendstrafrecht finden sich noch vielfältigere Möglichkeiten, durch die Erbringung einer symbolischen Wiedergutmachungsleistung die Bestrafung entbehrlich zu machen. Aus dem Subsidiaritätsprinzip und dem Erzie-

---

280 Wulf 1985, S. 68.
281 Wulf 1985, S. 75.
282 Auch Roxin 1992, S. 251 f.
283 Rössner/Klaus 1998, S. 104.
284 Rössner/Wulf 1984, S. 121 f.

hungsgedanken heraus soll durch den Täter-Opfer-Ausgleich der Sozialisationsprozess des Jugendlichen gefördert werden.

3.2.1. Der autonome Täter-Opfer-Ausgleich im Rahmen von §§ 45, 47 JGG

Ein Bezugspunkt für die symbolische Wiedergutmachung findet sich zunächst in §§ 45 Abs. 2 S. 2, 47 Abs. 1 S. 2 JGG, wonach das Bemühen, einen Ausgleich mit dem Verletzten zu erreichen, als erzieherische Maßnahme anerkannt ist. Durch das erste Gesetz zur Änderung des Jugendgerichtsgesetzes (1. JGG-ÄndG) wurde die Möglichkeit eines freiwilligen Tatfolgenausgleichs noch insofern verstärkt, als dass der Täter-Opfer-Ausgleich weit über die Regulierung des Schadens hinausreicht und vor allem die Chance bietet, beim Opfer seelische Belastung abzubauen und sein Vertrauen in die Rechtsordnung wiederherzustellen [285]. Die §§ 45,47 JGG bieten somit die Möglichkeit zur Diversion, die eine Beendigung der Strafverfolgung ohne förmliche Sanktionierung gegenüber dem Täter darstellt.

Die Rechtsfolge eines solchen Täter-Opfer-Ausgleichs bzw. des Bemühens darum führt zum obligatorischen Absehen von Strafe. Die Staatsanwaltschaft kann in zwei Fällen ohne Beteiligung des Jugendrichters von der Verfolgung absehen: Entweder wenn die Voraussetzungen des § 153 StPO vorliegen (§ 45 Abs. 1 JGG) oder wenn eine erzieherische Maßnahme durchgeführt oder eingeleitet worden ist (§ 45 Abs. 2 JGG), wobei einer erzieherischen Maßnahme jetzt ausdrücklich das Bemühen des Jugendlichen um einen Ausgleich mit dem Verletzten gleich steht, § 45 Abs. 2 S. 2 JGG. Die Anwendung des § 45 Abs. 2 JGG ist auch bei mittelschweren Jugendstraftaten angezeigt, weil die folgenlose Einstellung gemäß § 45 Abs. 1 JGG das Pendant zum § 153 StPO darstellt [286]. Aus der Gesetzsystematik ergibt sich im übrigen, dass gemäß § 2 JGG die Normen des allgemeinen Strafprozessrechts im Jugendstrafrecht nur subsidiär sind, d.h. nur in Bereichen gelten, die von den Bestimmungen des Jugendgerichtsgesetz nicht ausgefüllt werden.

285 Bundestagsdrucksache 11/5829, S. 17.
286 Rössner/Klaus 1998, S. 113.

Nach Anklageerhebung kann der Richter nach §47 JGG das Verfahren unter den Voraussetzungen des § 45 JGG einstellen. Die Zustimmung der Staatsanwaltschaft ist für Einstellungen nach § 47 Abs. 1 S. 1 Nr. 2 und 3 JGG erforderlich.

Als mögliche Leistungsformen des Täter-Opfer-Ausgleichs gemäß §§ 45 Abs. 2 S. 2 und 47 JGG kommen neben dem finanziellen Schadensersatz an das Opfer auch die Entschuldigung, Geschenke, symbolische Gesten und Arbeitsleistungen in Betracht [287]. Bei Straftaten mit vorhandenem Opfer haben die symbolischen Wiedergutmachungsleistungen die Funktion der über die rein kompensatorische Schadensregulierung hinausgehenden sozialkonstruktiven Tatverarbeitung. Sie ermöglichen somit schließlich eine Berücksichtigung erzieherischer Belange.

Der § 45 JGG enthält jedoch zwei ambivalente Formen der Tatwiedergutmachung. Neben der oben angeführten Möglichkeit des freiwilligen Täter-Opfer-Ausgleichs im Rahmen des § 45 Abs. 2 JGG sieht § 45 Abs. 3 JGG auch eine zwangsweise Anordnung der einzelnen symbolischen Wiedergutmachungsleistungen vor: Die Staatsanwaltschaft regt die Erteilung von Ermahnungen, Weisungen nach § 10 Abs. 1 S. 3 Nr. 4, 7 und 9 JGG oder Auflagen durch den Jugendrichter an, wenn der Beschuldigte geständig ist und der Staatsanwalt die Anordnung einer solchen richterlichen Maßnahme für erforderlich, die Erhebung der Anklage aber nicht für geboten hält. Da aber der freiwillige Tatfolgenausgleich der zwangsweise durch den Richter angeordneten Tatwiedergutmachung vorgeht, soll ein Täter-Opfer-Ausgleich nach § 45 Abs. 3 JGG nur dann erfolgen, wenn die autonome Tatwiedergutmachung nach § 45 Abs. 2 JGG keinen Erfolg verspricht[288].

3.2.2. Symbolische Wiedergutmachungsleistung im Weisungs- und Auflagenkatalog (§§ 10, 15 JGG)

Die verschiedenen Formen der symbolischen Wiedergutmachungsleistungen sind auch im Weisungs- und Auflagenkatalog nach §§ 10, 15 JGG vorgesehen. Weisung in § 10 JGG ist ein Bestandteil der Erziehungsmaßregeln nach § 9 JGG, während die Auflage in § 15 JGG als Zuchtmittel ausges-

287 Brunner/Dölling 1996, § 45 Rdnr. 19.; Rössner/Klaus 1998, S. 113.; a. A. vgl. Feuerhelm 1998, S: 325, der Arbeitsleistung als symbolische Wiedergutmachungsleistung im Verfahren nach § 45 Abs. 2 JGG für unzulässig hält.

288 Rössner/Klaus 1998, S. 114.

taltet ist, das die Straftat eines Jugendlichen ahndet. Zu dem nicht abschließend geregelten Weisungskatalog gehören auch symbolische Leistungen, nämlich Betreuungsweisung (§ 10 Abs. 1 S. 3 Nr. 5 JGG), Erbringung einer Arbeitsleistung (Nr. 4), Teilnahme an einem sozialen Trainingskurs und einem Verkehrsunterricht (Nr. 6), heilerzieherische Behandlung (§ 10 Abs. 2 JGG), Teilnahme an einer Entziehungskur (§ 10 Abs. 2 JGG) usw. Aber es ist auch im Rahmen des Täter-Opfer-Ausgleichs in Nr. 7, der durch das 1. JGG-Änderungsgesetz als eine Weisung eingeführt wurde und der zu den Erziehungsmaßregel im Sinne der §§ 9 ff JGG zu zählen ist, eine symbolische Bewältigung des Tatfolgenausgleichs möglich.

Auch beim Auflagenkatalog nach § 15 JGG kommen die drei Auflagenformen, also persönliche Entschuldigung beim Verletzten (§ 15 Abs. 1 Nr. 2 JGG), selbständige Arbeitsleistung (§ 15 Abs. 1 Nr. 3 JGG)[289], Geldbetrag an eine gemeinnützige Einrichtung (Nr. 4) als symbolische Wiedergutmachungsleistung in Betracht. Durch die Auferlegung einer Auflage wird die Ahndung der Tat bezweckt: ohne längere Eingriff in die Lebensführung soll dem Täter eindringlich zum Bewusstsein gebracht werden, dass er für das begangene Unrecht einzustehen hat (§ 13 Abs. 1 JGG). Durch die Arbeitsleistung als eine symbolische Leistung soll der über die finanzielle Schadenswiedergutmachung hinausgehende Inhalt der Tatwiedergutmachung, die auch in Arbeitsleistungen für das Opfer bestehen kann, hervorgehoben werden. Insbesondere wird bei der Anordnung einer Geldauflage zugunsten einer gemeinnützigen Einrichtung (§ 15 Abs. 1 Nr. 2 JGG) darauf hingewiesen, dass der Geldbetrag den wirtschaftlichen Verhältnissen des Jugendlichen angepasst sein muss und nicht so bemessen werden darf, dass durch die Erfüllung der Auflage die in erster Linie gebotene Wiedergutmachung des Schadens in Frage gestellt wird[290].

An diesen einzelnen Leistungsformen zur symbolischen Wiedergutmachung ist aber zu kritisieren, dass es bei der Auferlegung der Weisung und Auflage keines Einverständnisses des Jugendlichen bedarf[291]. Die Frage nach der fehlenden Bestimmung der Mitwirkungseinwilligung hat das

289 Die symbolische Arbeitsleistung ist in der Gegenwart zur aktuell dominierenden Sanktion geworden. 1996 wurde in 34. 1 % aller Verurteilungen nach Jugendstrafrecht eine Arbeitsauflage nach § 15 JGG verhängt. Siehe dazu: Feuerhelm 1998, S. 323 mit (dort FN. 3).

290 Nr. 4 der Richtlinie zu § 15 JGG.

291 Blau 1986, S. 206.; Rössner/Klaus 1998, S. 115 f.

Bundesverfassungsgericht gestellt. Es hat für die Weisung und Auflage der gemeinnützigen symbolischen Leistung die Vereinbarkeit mit dem Grundgesetz (insbesondere mit Art. 12 Abs. 2 und 3 GG) bejaht [292]. Jedoch müsste vor allem die zwangsweise Anordnung einer „persönlichen Entschuldigung" beim Verletzten (§ 15 Abs. 1 Nr. 2 JGG) gegen die Gewissensfreiheit im Lichte des Art. 4 Abs. 1 GG verstoßen. Die Entschuldigung sollte nicht als Handlung erzwungen werden, sondern auf einem freiwilligen Entschluss des Täters beruhen [293]. Darüber hinaus ist eine zwangsweise Anordnung der Teilnahme am Ausgleichsverfahren für die Beseitigung der Erziehungsmängel der Jugendlichen unwirksam. Vielmehr soll das Gesetzesziel der Erziehung daran orientiert werden, dass die Justiz den freiwilligen Tatfolgenausgleich durch autonome Verantwortungsübernahme des Täters fördert.

292 BverfGE 74, 102; BverfGE NJW 1991, 1043.
293 Dölling 1992, S. 281 f.

3.3. Exkurs: Symbolische Wiedergutmachung in den anderen deutschsprachigen Ländern

3.3.1. Österreich

Man findet im öStGB umfangreiche Regelungen hinsichtlich freiwilliger Wiedergutmachung: Eine Wiedergutmachung des Schadens begünstigt den Täter eines Vermögensdelikts entweder durch die Anwendung der zeitlich engen tätigen Reue nach § 167 öStGB, kann aber darüber hinaus auch zur Straflosigkeit wegen mangelnder Strafwürdigkeit der Tat nach §42 öStGB führen. In diesen beiden erwachsenenstrafrechtlichen Vorschriften findet sich zwar keine ausdrückliche Nennung symbolischer Wiedergutmachung. Bei genauem Hinsehen kann jedoch de lege lata aus der Auslegung des § 42 öStGB die Möglichkeit symbolischer Tatwiedergutmachung entnommen werden. Nach diesem Gesetz kann in Fällen von Geldstrafen, Freiheitsstrafen bis zu drei Jahren und kumulativen Strafen eine Befreiung von Strafe gewährt werden, wenn die Tat keine oder nur unbedeutende Folgen nach sich gezogen hat oder, sofern sich der Täter zumindest ernstlich darum bemüht hat, die Folgen der Tat im wesentlichen beseitigt, gutmacht oder sonst ausgeglichen worden sind.

Eine weitere Voraussetzung für den Rechtsfolgengenuss ist es, dass sowohl die Schuld des Täters gering ist, als auch unter präventiven Gesichtspunkten die Bestrafung entbehrlich ist. Ein Anknüpfungspunkt für den symbolischen Tatausgleich ist die in Nr. 2 geregelte dritte Variante, also der „sonstige Ausgleich", zu dem die Entschuldigung und persönliche Leistungen für das Opfer gehören [294]. Die symbolische Wiedergutmachung soll in Fällen in Betracht kommen können, in denen eine Schadenswiedergutmachung nicht möglich ist. Anwendungsbereich des Nr. 2 sind Gefährdungsdelikte, misslungene Versuchstaten und schlichte Tätigkeitsdelikte[295].

Ein weiterer Ansatzpunkt für symbolische Tatwiedergutmachung findet sich im Rahmen des außergerichtlichen Tatausgleichs (ATA), der aufgrund des ab 1985 erprobten jugendstrafrechtlichen Modellprojektes in §§ 7 und 8 öJGG gesetzlich verankert wurde. Danach ist der ATA vom Ermittlungs- bis zum Hauptverfahren durch die Staatsanwaltschaft oder das Gericht zu

---

294 Jesionek 1993, S. 235, 237.; Löschnig-Gspandl 1996, S. 136.
295 Schroll 1993, S. 252.; Löschnig-Gspandl 1996, S. 136.

fördern. Beim ATA handelt es sich zwar um den Täter-Opfer-Ausgleich und die durch die Straftat verursachte Schadengutmachung, jedoch ist die unmittelbare Konfrontation mit dem Opfer kein notwendiges Wesensmerkmal dieses spezifisch österreichischen Konfliktregelungsmodells [296]. Im Mittelpunkt dieses Instituts steht eigentlich nicht der Opferschutz, sondern die Spezialprävention mit der Bereitschaft des Täters, freiwillig seine Verantwortung zu übernehmen [297]. Aus diesen Gründen wird sein Anwendungsbereich erweitert, so dass fast alle Delikte wiedergutmachungsfähig sind, und dabei auch symbolische Wiedergutmachung zugelassen wird.

Nach § 7 Abs. 1 öJGG kann die Staatsanwaltschaft den Verfolgungsverzicht gemäß § 6 öJGG davon abhängig machen, dass der Verdächtigte Bereitschaft zeigt, für die Tat einzustehen und allfällige Folgen der Tat auf eine den Umständen nach geeignete Weise auszugleichen, insbesondere dadurch, dass er den Schaden nach Kräften gutmacht (§ 7 Abs. 1 öJGG). Der Tatfolgenausgleich „auf eine nach den Umständen geeignete Weise" bedeutet, dass jedwede positive, sozialkonstruktive Leistung des Verdächtigen, die in Beziehung zur Tat und deren Folgen steht, eine geeignete Wiedergutmachung darstellen kann [298]. Zu diesen Leistungen gehören auch symbolische Varianten wie z.B. Entschuldigung beim Opfer, Geldspende an eine Einrichtung und gemeinnützige Arbeit [299]. Der symbolische Tatausgleich ist mit freiwilliger Erfüllung von Auflagen verbunden und kommt hauptsächlich in Fällen in Betracht, in denen das Opfer seine Mitwirkung verweigert oder es sich um opferlose Straftaten handelt. Darüber hinaus sollen übliche symbolische Leistungen, wie z.B. ein intensives Gespräch zwischen den Beteiligten, zur Bewältigung körperlicher Aggression beitragen [300]. Dabei ist auch der Konfliktregler bemüht, mit dem Verdächtigen Tatausgleichsmechanismen zu entwickeln, die einen besonderen Bezug zur Tat haben, wie etwa die freiwillige Unterwerfung unter eine medizinische oder psychiatrische Behandlung, Entschuldigung beim Opfer, Geldspende an eine Einrichtung oder gemeinnützige Arbeit [301].

296 Moos 1993, S. 63.
297 Jesionek 1989, S. 168-171.; Moos 1993, S. 64.
298 Löschnig-Gspandl 1996, S. 173.
299 Löschnig-Gspandl 1996, S. 177.
300 Moos 1993, S. 64.
301 Jesionek 1989, S. 161.

3.3.2. Schweiz

Seit 1974 ist die Arbeitsleistung für Jugendliche in den Art. 87 Abs. 1 und Art. 95 Ziffer 1 schweizerisches StGB ausdrücklich vorgesehen. Die Arbeitsleistung wurde zwar als Verpflichtung ausgestaltet, erfolgt aber in der Praxis auf freiwilliger Basis [302]. Dieses Instrument wird inzwischen rege praktiziert und nimmt mehr und mehr den Platz der bedingten Einschließungsstrafe ein.

Im Erwachsenenstrafrecht gibt es eine ausdrückliche Regelung über symbolische Tatwiedergutmachung, die von Schultz [303] konzipiert wurde. Nach Art. 55 schweizerischem Vorentwurf (VE) sieht die zuständige Behörde von einer Strafverfolgung, einer Überweisung an das Gericht oder einer Bestrafung ab, wenn der Täter eine besondere wirtschaftliche Anstrengung unternommen und den von ihm gestifteten Schaden gedeckt hat, oder wenn der Täter durch eine besondere Anstrengung, die seine Lebensführung deutlich beeinflusst, das von ihm bewirkte Unrecht auszugleichen versucht hat. Es handelt sich bei der Rechtsfolgenausgestaltung um einen obligatorischen Reaktionsverzicht. Aber auch eine zwingende Ausweichung auf symbolische Wiedergutmachung ist in Fällen möglich, in denen der materielle Schaden durch eine Versicherung gedeckt wird oder in denen kein Opfer vorhanden ist [304]. Voraussetzung der Strafbefreiung aufgrund der Erbringung einer symbolischen Wiedergutmachungsleistung ist, dass der Täter durch eine besondere Anstrengung seine Lebensführung deutlich beeinflusst. Die Erbringung der Leistungen muss eine erhebliche sein, eine bloße Entschuldigung genügt nicht. Nicht anwendbar wäre die Bestimmung somit auf einen Täter, der zwar eine besondere Anstrengung unternimmt und dadurch das begangene Unrecht ausgleicht, dessen Lebensführung aber nicht auf Dauer beeinflusst wird [305].

Eine herausragende Bedeutung für symbolische Tatwiedergutmachung ist dem schweizerischen Strafvollzugssystem zuzuweisen. Seit 1993 ist der Täter-Opfer-Ausgleich im Strafvollzug im Art.37 Ziff. 1 Abs. 1 schweizerisches StGB als Vollzugsziel des schweizerischen Strafrechts angesiedelt, wonach neben den herkömmlichen Zielsetzungen des Vollzugs (erziehende

---

302 Vgl. dazu eingehend Kley-Struller 1993, S. 35.
303 Schulz 1990, S. 225.
304 Schultz 1990, S. 225.
305 Kley-Struller 1993, S. 109.

Einwirkung auf den Gefangenen, Vorbereitung auf den Wiedereintritt in das persönliche Leben) darauf hingewirkt werden soll, dass das Unrecht, das dem Geschädigten zugefügt wurde, wiedergutgemacht wird. So sind die schweizerischen Strafanstalten demnach verpflichtet, Wege der Wiedergutmachung zu suchen und entsprechende Konzepte umzusetzen. Die Zielsetzung aus der Opferperspektive liegt zwar in der Regulierung des durch den Täter verursachten Schadens, aber er orientiert sich hauptsächlich am umfangreichen Tatfolgenausgleich, der zur Schuldeinsicht des Gefangenen dienen soll. Nicht nur Schadensersatz, sondern auch mehrere Gespräch zur Aufarbeitung der Opferproblematik, die teilweise Verwendung des Verdienstes während der ganzen bisherigen Aufenthaltsdauer und gemeinnützige Arbeit kommen als Wiedergutmachungsleistungen in Betracht [306].

306 Brenzikofer 1996, S. 164.

VIERTES KAPITEL: ZUSAMMENFASSUNG UND ÄNDERUNGSENTWURF DES § 46a StGB UND DER PROZESSUALEN REGELUNGEN

1. Zusammenfassung

Das Strafrecht ist weder alleiniges noch perfektes Mittel zur Sozialkontrolle, wie auch jedes andere Rechtssystem die Aufgabe der Sozialkontrolle nicht perfekt erfüllen kann. In Hinblick auf die Flexibilität und Effektivität innerhalb der Instrumentarien der sozialen Kontrolle wird die freiwillige Tatwiedergutmachung als neue Reaktionsform angesehen. Die Tatwiedergutmachung ist gleichzeitig mit der präventiven Zielsetzung vereinbar. Sie umfasst entsühnende und spezialpräventive Gesichtspunkte, indem der Täter durch die Wiedergutmachung Tatfolgen freiwillig beseitigt und dadurch seine Verantwortungsübernahme nach außen zeigt. Die präventive Wirksamkeit der freiwilligen Tatwiedergutmachung verkörpert sich vor allem in der positiven Generalprävention: Die durch den Täter geleistete Leistung der Tatwiedergutmachung dient der Befriedigung der Opferinteressen und führt zudem zur Bekräftigung des durch die Tat erschütterten Normvertrauens der Allgemeinheit.

Zur sozialkonstruktiven Aufarbeitung der Tatfolgen zählen der Form nach sowohl bloße Schadenswiedergutmachung durch Geldersatz als auch immaterielle Leistungen bis hin zu symbolischen Leistungen. Dabei kommen als Leistung der symbolischen Wiedergutmachung Entschuldigung, selbstresozialisierende Leistungen, gemeinnützige Arbeit u.ä. in Betracht. Im Ausgleichsverfahren können sich die Beteiligten über die symbolische Wiedergutmachung einigen. Die symbolischen Wiedergutmachungsleistungen stellen hier ein „aliud“ zur zivilrechtlich ausgeprägten Schadensregulierung dar, in dem eine über die bloße Schadensregulierung hinausgehende, eigenständige Relevanz für die konstruktive Straftatverarbeitung enthalten ist. Sie sollte aber gegenüber materieller Wiedergutmachung subsidiär sein, da die Gefahr besteht, dass die Strafjustiz aufgrund der relativ einfachen Handhabung der symbolischen Wiedergutmachung umgangen wird.

Bei Alltagskriminalität, die leichte Kriminalität bis zum Grenzbereich der mittelschweren Straftat umfasst, kommen die Entschuldigung, die persönliche Arbeits- oder Dienstleistung zugunsten des Opfers und andere symbolische Gesten als angemessene Leistung der symbolischen Wiedergutmachung in Betracht. In den besonderen Konfliktfällen, die in einer engenoder längeren persönlichen Beziehung entstanden sind, wird demgegenüber die Beratungsleistung als für den Tatfolgenausgleich geeignet angesehen. Dies gilt auch für Taten der Gewaltkriminalität, die unter dem Einfluss von Drogen oder schwerer psychologischer Störungen begangen wurden. Bei solchen Straftaten ist der Täter-Opfer-Ausgleich und die Wiedergutmachung nicht ausreichend, um die Tat konstruktiv zu verarbeiten und damit den Rückfall zu vermeiden.

Es kann aber auch bei Straftaten mit vorhandenem Opfer besondere Fallkonstellationen geben, in denen die Anwendung der herkömmlichen Wiedergutmachungsregeln versagt. Dazu gehören der Fall der Mitwirkungsverweigerung des Opfers, der Versicherungsfall und der Fall mehrerer Tatbeteiligter, usw. In solchen Fällen sollte mit Blick auf das Gleichbehandlungsgebot dem Täter eine Chance eingeräumt werden, die Tat und Tatfolgen in symbolischer Wiese wiedergutzumachen.

Bei opferlosen Straftaten, bei denen nur ideelle Schäden gegenüber Allgemeinheit entstanden sind, ist die opferbezogene Wiedergutmachung nicht möglich. Jedoch sollte die gemeinschaftsbezogene Tatwiedergutmachung ohne weiteres möglich sein, bei der der Täter gegenüber der Allgemeinheit seine Sühneleistung erbringt, da die freiwillige Verantwortungsübernahme zur Wiederherstellung des Rechtsfriedens von den vorhandenen formellen Deliktskategorien und einzelnen Straftatbeständen nicht abhängig sein darf. Die Staatsanwaltschaft und das Gericht sollten zuerst prüfen, ob Aspekte des Schuldausgleichs, der Spezial- oder der Generalprävention über die symbolische Tatwiedergutmachung hinaus eine zusätzliche Reaktion erfordern. Ist dies nicht der Fall und will der Täter in einem solchen Fall durch die freiwillige Unterwerfung die Tatfolgen für die verletzte Rechtsordnung wenigstens teilweise ausgleichen, soll die Strafjustiz ihm die Gelegenheit einräumen, die begangene Tat in jedem Verfahrensstadium in konstruktiver Weise zu beseitigen und damit eine Entkriminalisierung zu erreichen.

In Fällen, in denen eine materielle Schadenswiedergutmachung allein im Verhältnis zur Schwere der begangenen Tat nicht als ausreichendes Äquivalent angesehen wird, sollte der Strafjustiz die Möglichkeit zur Verfügung stehen, eine materielle Leistung und eine symbolische Wiedergutmachungsleistung zu kombiniert, um vor allem den finanziell schwachen, aber wiedergutmachungswilligen Tätern eine realistische Gelegenheit zum privilegierenden Rechtsfolgengenuss zu geben. So dient die Kombination materieller und symbolischer Wiedergutmachungsleistungen zur effektiven Sanktionierung in der Strafrechtspflege und bietet die notwendige Flexibilität.

2. Reformvorschläge zum § 46a StGB und dessen strafverfahrensrechtlichen Verankerung

Das geltende Strafrecht kennt bereits eine Reihe von Bestimmungen, welche die Idee der Wiedergutmachung enthalten. Allerdings wird heute die Möglichkeit der autonomen Tatwiedergutmachung nicht im wünschenswerten Maße angewandt. Diese Situation gilt vor allem für die neu in das strafrechtliche Sanktionensystem eingeführte Vorschrift des § 46a StGB, dessen Hauptzweck darin liegt, dass der Konflikt durch den Täter-Opfer-Ausgleich in konstruktiver Weise beigelegt werden soll.

Eine wesentliche Unzulänglichkeit in § 46a StGB ist, dass der Gesetzgeber für Fälle, in denen ein persönlicher Tatfolgenausgleich unmöglich ist oder nicht versprochen wird, keine Möglichkeit eröffnet hat, auf den Weg der symbolischen Wiedergutmachung auszuweichen. Die dazu einschlägigen Fälle sind beispielsweise opferlose Straftaten, in denen es um betroffene abstrakte Allgemeinrechtsgüter geht, wie z.B. Versuchsstraftaten und die abstrakten Gefährdungsstraftaten. Wegen dieser gesetzgeberischen Unzulänglichkeit ist eine neue Änderung gefordert, da der Tatfolgenausgleich nicht von zufälligen Deliktstypen abhängig gemacht werden darf, sondern die freiwillige Mitwirkung des Täters an der Wiederherstellung des Rechtsfriedens zugrunde gelegt werden soll. Aber auch bei dem Fall der ideellen Wiedergutmachung soll je nach verschuldetem Unrechtsgewicht die Möglichkeit symbolischer Wiedergutmachung eingesetzt werden. Dabei soll der Staatsanwaltschaft und dem Gericht die Belehrungs- bzw. Hinweispflicht zugewiesen werden, in geeigneten Fällen den Täter zu befragen, ob er sich zu einer angemessenen Leistung bereit erklärt, um den gestörten Rechtsfrieden wiederherzustellen.

Eine weitergehende gesetzgeberische Lücke hinsichtlich symbolischer Wiedergutmachung ist, dass der Gesetzgeber die symbolischen Wiedergutmachungsleistungen nicht ausdrücklich normiert hat. Im Gesetz schlägt sich nur „Wiedergutmachung der Tat“ (Nr. 1) oder „Schadenswiedergutmachung“ (Nr. 2) nieder. Dem Normadressaten kann es somit scheinen, dass als zulässige Leistungsform im Rahmen des § 46a StGB nur die klassische Entschädigung des Opfers vorgesehen ist. Obwohl im Rahmen des Nr. 1 de lege lata die symbolische Wiedergutmachung möglich ist, bedarf es in Hinblick auf den Bestimmtheitsgrundsatz (Art. 103 Abs. 2 GG, § 1 StGB) einer ausdrücklichen Nennung der im Rahmen des § 46a StGB in Betracht kommenden Leistungsformen der Tatwiedergutmachung. Aus gesetzestechnischen Gründen ist aber die einzelne Aufzählung der symbolischen Leistungen im Rahmen des § 46a StGB nicht möglich, da im persönlichen Ausgleichsverfahren verschiedene Leistungsformen vereinbart werden können. Immerhin sind die wesentlichen Leistungsformen der Tatwiedergutmachung zu erwähnen, wie z.B. gemeinnützige Leistung oder selbstresozialisierende Leistungen.

Gegen dieses Gesetz und gegen seine Rechtsfolgenausgestaltung richten sich noch weitere Bedenken. Die jetzige fakultative Berücksichtigung des Wiedergutmachungsverhaltens des Täters sollte durch eine obligatorische Berücksichtigung ersetzt werden, damit der materielle und immaterielle Tatfolgenausgleich und die konstruktive Konfliktbewältigung gefördert wird.

Aufgrund des oben Angeführten soll hier eine geänderte Fassung des jetzigen Inhalts des § 46a StGB und dessen prozessualer Verankerung vorgeschlagen werden:

§ 46a StGB Wiedergutmachung der Tat

(1) Das Gericht hat die Strafe nach § 49 Abs. 1 Strafgesetzbuch zu mildern oder, wenn keine höhere Strafe als Freiheitsstrafe bis zu einem Jahr oder Geldstrafe bis zu dreihundertsechzig Tagessätzen verwirkt ist, von Strafe abzusehen, wenn

1. der Täter in dem Bemühen, einen Ausgleich mit dem Verletzten zu erreichen (Täter-Opfer-Ausgleich), seine Tat zum wesentlichen Teil wiedergutgemacht hat oder

2. in einem Fall, in welchem die Schadenswiedergutmachung von ihm erhebliche persönliche Leistungen oder persönlichen Verzicht erfordert hat, das Opfer zum wesentlichen Teil entschädigt hat.

(2) Im Fall, in dem sich der Täter ernsthaft bemüht hat, die Tat wiedergutzumachen, ist von der Strafe abzusehen, wenn keine höhere Strafe als Freiheitsstrafe bis zu sechs Monaten oder Geldstrafe von mehr als einhundertachtzig Tagessätzen verwirkt ist. Wenn Freiheitsstrafe von mehr als sechs Monaten oder Geldstrafe bis zu dreihundertsechzig Tagessätzen verwirkt ist, ist im Einzelfall die Strafe zu mildern. Dem Täter ist die Gelegenheit zur symbolischen Wiedergutmachung gegenüber der Allgemeinheit zu geben.

(3) Eine symbolische Wiedergutmachung kommt auch in den Fällen in Betracht, in denen eine Wiedergutmachung zugunsten eines Opfers nicht möglich ist (bei opferlosen Straftaten), keinen Erfolg verspricht oder für sich allein nicht ausreicht.

§ 46b StGB Einzelne Wiedergutmachungsleistungen

Als Wiedergutmachungsleistung kommen insbesondere in Betracht,

1. Wiedergutmachung des durch die Tat verursachten Schadens
2. Schadensersatz gegenüber Dritten
3. Ein Geldbeitrag zugunsten einer gemeinnützigen Einrichtung
4. Immaterielle Leistungen wie Entschuldigung oder Geschenke an den Verletzten
5. Teilnahme an einer ambulanten Heilbehandlung oder einer ambulanten Entziehungskur
6. Teilnahme an einem Verkehrsunterricht
7. Teilnahme an einer Beratung
8. Sonstige gemeinnützige Leistungen

§ 153a StPO

(1) Die Staatsanwaltschaft und das Gericht sollen in jedem Stadium des Verfahrens die Möglichkeit prüfen, einen Ausgleich zwischen Beschuldig-

ten und Verletzten zu erreichen. In geeigneten Fällen sollen sie darauf hinwirken.

(2) Liegen die Voraussetzung für ein Absehen von Strafe nach § 46a Strafgesetzbuch vor, kann die Staatsanwaltschaft bei Vergehen mit Zustimmung des für die Eröffnung des Hauptverfahrens zuständigen Gerichts von der Erhebung der öffentlichen Klage absehen.

(3) Ist die Klage bereits erhoben, so kann das Gericht mit Zustimmung der Staatsanwaltschaft unter den Voraussetzungen des Absatzes 1 bis zur Entscheidung über die Eröffnung des Hauptverfahrens das Verfahren einstellen.

(4) Wenn der Ausgleich nicht möglich ist, keinen Erfolg verspricht oder für sich allein nicht ausreicht, kommt auch eine symbolische Wiedergutmachung (§ 46b Strafgesetzbuch) in Betracht.

3. Kritik am Gesetzentwurf des Bundestages

Ungeachtet der bereits vorhandenen Möglichkeit der symbolischen Wiedergutmachung hat der Bundestag am 23. 4. 1998 den Entwurf[307] eines Gesetzes zur Einführung der gemeinnützigen Arbeit als strafrechtliche Sanktion verabschiedet. Die in diesem Entwurf enthaltenen Vorschläge sind aber nicht mit der in dieser Arbeit konzipierten Idee des freiwilligen Wiedergutmachung der Tat vereinbar. Im einzelnen wird dazu folgendes angeführt:

3.1. Wesentlicher Inhalt des Gesetzentwurfs

Nach § 40a Abs. 1 dieses Entwurfs kann das Gericht anstelle einer Geldstrafe von bis zu 180 Tagessätzen unter Berücksichtigung der Persönlichkeit des Täters und seiner persönlichen und wirtschaftlichen Verhältnisse die Ableistung gemeinnütziger Arbeit anordnen. Zugleich bestimmt das Gericht die Höhe der Geldstrafe, die an die Stelle der gemeinnützigen Arbeit tritt, wenn diese nicht in angemessener Zeit oder nicht in ordnungsmä-

307 Bundestagsdrucksache 13/10485.

ßiger Weise erbracht wird. Eine zeitliche Höchstgrenze ist in Abs. 2 geregelt, wonach die zu leistende Arbeit 540 Stunden nicht übersteigen darf. Gemäß Absatz 3 kann die Arbeit aber auch mit einem Teil der Geldstrafe kombiniert werden.

Der Gesetzentwurf enthält einen strafprozessrechtlichen Bezugspunkt für gemeinnützige Arbeit: Zuerst wird die gemeinnützige Arbeit in den Katalog in § 407 Abs. 2 S. 1 StPO miteinbezogen. Damit wird die Möglichkeit eröffnet, durch Strafbefehl die ambulante Arbeit festzusetzen. Eine in die Strafprozessordnung neu einzufügende Vorschrift „§ 459k“ StPO bestimmt die Vollstreckungsbehörde bei der Vollstreckung der gemeinnützigen Arbeit, Art und Umstände der Tätigkeit. Sie ordnet die Vollstreckung der Geldstrafe dann an, wenn die gemeinnützige Arbeit nicht in angemessener Zeit oder nicht in ordnungsgemäßer Weise erbracht wird (Abs. 1 und 2). Die Vollstreckungsbehörde kann sich bei der Vermittlung gemeinnütziger Arbeit auch Dritter bedienen und ihnen die aus ihrer Sicht dazu erforderlichen Daten übermitteln (Abs. 3).

3.2. Problem der ambulanten Arbeitssanktion in § 40a des Entwurfs

Es lässt sich zuerst leicht erkennen, dass die Arbeitsleistungen in beiden Vorschriften den gleichen Zweck verfolgen, im Bereich der unteren und mittleren Kriminalität eine herkömmliche Übelzufügung durch Geld- oder Freiheitsstrafe zurückzudrängen. Die Arbeitsleistung gemäß §40a des Entwurfs hat aber insofern eine engere Reichweite als die im Rahmen des § 46a StGB vorhandene Möglichkeit der gemeinnützigen Arbeit, als sie nur auf Geldstrafe bis zu 180 Tagessätze angewendet werden soll. Denn nach § 46a StGB kann bei einer Geldstrafe bis zu 360 Tagessätzen von Strafe abgesehen oder diese zumindest gemildert werden. Auch bezüglich einzelner Merkmale der Voraussetzungen des § 40a Abs.1 des Entwurfs besteht bei genauem Hinsehen im wesentlichen Gleichheit mit § 46a StGB: Stellt man darauf ab, dass die „Persönlichkeit des Täters“ ein spezialpräventives Element darstellt, dann steht dies den Merkmalen des §46a StGB gleich, da freiwillige Verantwortungsübernahme beim Tatfolgenausgleich als ein spezialpräventiver Gesichtspunkt zum Ausdruck kommt. Außerdem ist im Rahmen der freiwilligen Wiedergutmachung eine Rücksichtnahme auf wirtschaftliche Verhältnisse des Täters ohne weiteres möglich.

Eine entscheidende Kritik an der im Gesetzentwurf vorgesehenen Arbeitsleistung bezieht sich aber auf ihren Zwangscharakter. In der Literatur [308] wird vertreten, dass die freiwillige Entscheidung für gemeinnützige Arbeit ein unabdingbares Element sei. Der Gesetzentwurf geht aber den Weg der zwangsweisen Anordnung. In der Gesetzbegründung [309] heißt es dazu, dass „der Angeklagte nicht gefragt werden muss, ob er mit der Anordnung der gemeinnützigen Arbeit einverstanden ist. Ein Zustimmungserfordernis würde sich mit dem Charakter der gemeinnützigen Arbeit als Sanktion nicht vertragen".

Doch muss die sozial konstruktive Leistung auf freiwilliger Basis erbracht werden. Die auf Freiwilligkeit basierende, vom Täter zu erbringende Wiedergutmachungsleistung kann der Schuldeinsicht und Resozialisierung des Täters besser dienen, als die bloße Anordnung von gemeinnütziger Arbeit. Außerdem bietet die an die freiwillige Zustimmung des Verurteilten gebundene Arbeitsleistung einen Ausweg aus dem verfassungsrechtlichen Verbot der Zwangsarbeit (Art. 12 Abs. 2 und 3 GG) an, und dies ist auch aus kriminalpolitischer Sicht sinnvoll. Aus diesem Gesichtspunkt legitimiert sich auch schließlich, dass die gemeinnützige Arbeit in den §46a StGB, der bei der Wiedergutmachungsleistung vom autonomen Entschluss des Täters ausgeht, mit einbezogen werden soll.

308 Blau 1986, S. 189, 206.; Schöch 1992, S. 98.
309 Bundestagsdrucksache 13/10485, S. 5.

LITERATURVERZEICHNIS

Albrecht, Hans-Jörg: Ansätze und Perspektiven für die gemeinnützige Arbeit in der Strafrechtspflege, Bewährungshilfe 32, 1985, 121-134.

Albrecht, Hans-Jörg: Umweltkriminalität, In: Kaiser, Günther/ Kerner, Hans-Jürgen/ Sack, Fritz/ Schellhoss, Hartmut (Hrsg.), Kleines Kriminologisches Wörterbuch, 3. Auflage, Heidelberg, 1993, 555-565.

Alternativkommentar zum Strafgesetzbuch, Bearbeitet von Hassemer, Winfried u.a., Reihe Alternativkommentar. Band. 1, §§ 1-21. Neuwied und Darmstadt, 1990.(AK-StGB-Bearbeiter)

Alternativkommentar zur Strafprozessordnung, Bearbeitet von Achenbach, Hans u.a., Reihe Alternativkommentar. Band 2. Teilband 1., Neuwied; Kriftel; Berlin 1996.(AK-StPO-Bearbeiter).

Arzt, Gunther u.a.: Entwurf eines Gesetzes gegen Ladendiebstahl (AE-GLD). Im Zusammenhang mit dem Alternativ-Entwurf eines Strafgesetzbuches vorgelegt von einem Arbeitskreis deutscher und schweizerischer Strafrechtslehrer, Tübingen 1974.

Arzt, Gunther u.a.: Entwurf eines Gesetzes zur Regelung der Betriebsjustiz. Im Zusammenhang mit dem Alternativ-Entwurf eines Strafgesetzbuches vorgelegt von einem Arbeitskreis deutscher und schweizerischer Strafrechtslehrer, Tübingen 1975.

Bannenberg, Britta: Wiedergutmachung in der Strafrechtspraxis. Eine empirisch-kriminologische Untersuchung von Täter-Opfer-Ausgleichsprojekten in der Bundesrepublik Deutschland, Schriftenreihe der Deutschen Bewährungshilfe e.V., Band 30, Bonn 1993.

Bannenberg, Britta/ Uhlmann, Petra: Die Konzeption des Täter-Opfer-Ausgleichs in Wissenschaft und Kriminalpolitik, In: Bundesministerium der Justiz (Hrsg.): Täter-Opfer-Ausgleich in Deutschland. Bestandsaufnahme und Perspektiven. Bonn 1998, 1-47.

Bauermann, Michael. C/ Schädler, Wolfram: Das Opfer nach der Straftat – seine Erwartungen und Perspektiven, Wiesbaden 1991.

Baumann, Jürgen u.a.: Alternativentwurf Wiedergutmachung (AE-WGM), München 1992.

Beste, Hubert: Probleme der Schadenswiedergutmachung im Zuge viktimisierter Kriminalpolitik. Monatsschrift für Kriminologie und Strafrechtsreform 70, 1987, 336-352.

Beulke, Werner: Gewalt im sozialen Nahraum – Zwischenbericht eines Modellprojektes, Monatsschrift für Kriminologie und Strafrechtsreform 77, 1994, 360-376.

Beulke, Werner: Die Beratungsauflage im Kreuzfeuer der Kritik, In: Albrecht, Hans-Jörg u.a. (Hrsg.), Internationale Perspektiven in Kriminologie und Strafrecht, Festschrift für Günther Kaiser zum 70. Geburtstag, Berlin, 1998, 1419-1435.

Blau, Günter: Die gemeinnützige Arbeit als Beispiel für einen grundlegenden Wandel des Sanktionenwesens, In: Hirsch, Hans Joachim/ Kaiser, Günther/ Marquardt, Helmut (Hrsg.), Gedächtnisschrift für Hilde Kaufmann, Berlin 1986, 189-209.

Blesinger, Karl: Zur Anwendung des Täter-Opfer-Ausgleichs nach § 46 a StGB im Steuerstrafrecht, Zeitschrift für Wirtschaft- und Steuerstrafrecht, 1996, 90-91.

Brauns, Uwe: Die Wiedergutmachung der Folgen der Straftat durch den Täter: ein Beitrag zur Neubewegung eines Strafzumessungsfaktors de lege lata und de lege ferenda, Berlin 1996.

Brauns, Uwe: Zur Anwendbarkeit des § 46 a StGB im Steuerstrafrecht, Zeitschrift für Wirtschaft- und Steuerstrafrecht 1996, 214-219.(Zitat: 1996_a)

Brenzikofer, Paul: Bemühungen um Opfer von Verbrechen in der Schweiz, In: Schneider, Hans-Joachim (Hrsg.), Das Verbrechensopfer in der Strafrechtspflege. Psychologische, kriminologische, strafrechtliche und strafverfahrensrechtliche Aspekte, Berlin 1982, 367-373.

Brenzikofer, Paul: Wiedergutmachungsformen im Freiheitsentzug, Bewährungshilfe 43, 1996, 159-166.

Brunner, Rudolf/ Dölling, Dieter: Kommentar zum Jugendgerichtsgesetz, 10. Auflage, Berlin; New York, 1996.

Bundesministerium der Justiz (Hrsg.): Schadenswiedergutmachung im Kriminalrecht. Untersuchung des Fachausschusses I „Strafrecht und Strafvollzug" des Bundesverbandes der Straffälligenhilfe e.V., Abschlußbericht. Bonn 1988.

Bundesministerium der Justiz (Hrsg.): Täter-Opfer-Ausgleich: eine Chance für Opfer und Täter durch einen Weg im Umgang mit Kriminalität; Kurzfassung des 1997 vorgelegten Gutachtens der Forschungsgruppe Täter-Opfer-Ausgleich für das Bundesministerium der Justiz, Dölling, Dieter u.a., Bearbeitet von Gerson Trüg, 1. Auflage, Mönchengladbach 1998.

Dahs, Hans: Das Verbrechensbekämpfungsgesetz vom 28. 10. 1994 – ein Produkt des Superwahljahres, Neue Juristische Wochenschrift 48, 1995, 553-616.

Dölling, Dieter: Generalprävention durch Strafrecht: Realität oder Illusion?, Zeitschrift für die gesamten Strafrechtswissenschaft 102 (1990), 1-20.

Dölling, Dieter: Die Weiterentwicklung der Sanktionen ohne Freiheitsentzug im deutschen Strafrecht, Zeitschrift für die gesamte Strafrechtswissenschaft 104, 1992, 259-289.

Dölling, Dieter: Der Täter-Opfer-Ausgleich – Möglichkeiten und Grenzen einer neuen kriminalrechtlichen Reaktionsform, Juristenzeitung 47, 1992, 493-499.(Zitat: 1992_a)

Eser, Albin: Gesellschaftsgerichte, In: Kaiser, Günther/ Kerner, Hans-Jürgen/ Sack, Fritz/ Schellhoss, Hartmut (Hrsg.), Kleines Kriminologisches Wörterbuch, 3. Auflage, Heidelberg, 1993, 164-171.

Feuerhelm, Wolfgang: Gemeinnützige Arbeit als strafrechtliche Sanktion, Bilanz und Perspektive, Bewährungshilfe 45, 1998, 323-327.

Frehsee, Detlev: Schadenswiedergutmachung als Instrument strafrechtlicher Sozialkontrolle. Ein kriminalpolitischer Beitrag zur Suche nach alternativen Sanktionsformen, Berlin 1987.

Freund, Georg: Der Zweckgedanke im Strafrecht, Goltdammer´s Archiv für Strafrecht 142, 1995, 5-22.

Freund, Georg: Zur Legitimationsfunktion des Zweckgedankens im gesamten Strafrechtssystem, In: Wolter, Jürgen/ Freund, Georg (Hrsg.), Straftat, Strafzumessung und Strafprozess im gesamten Strafrechtssystem, Heidelberg 1996, 43-75.

Freund, Georg: Strafrecht Allgemeiner Teil. Personale Straflehre, Berlin; Heidelberg u.a., 1998.

Frisch, Wolfgang: Der Begriff des „Verletzten" im Klageerzwingungsverfahren. Eine dogmatische Grundlegung aus Anlass der Entscheidung OLG Hamm NJW 72, 1874., Juristenzeitung 29, 1974, 7-13.

Frühauf, Ludwig: Wiedergutmachung zwischen Täter und Opfer. Eine neue Alternative in der strafrechtlichen Sanktionspraxis. Gelsenkirchen 1988.

Gutknecht, Thomas W.: Das Schlichtungsverfahren vor dem Schiedsmann. Eine empirische Untersuchung zur Praxis strafrechtlicher Schlichtung in Nordrhein-Westfalen, Berlin 1995.

Handbuch des Betäubungsmittelstrafrechts: Kreuz, Arthur (Hrsg.), Bearbeitet von Hans-Jörg Albrecht u.a., München 1998.

Hartmann, Arthur: Schlichten oder Richten: der Täter-Opfer-Ausgleich und das (Jugend-)Strafrecht, Neue kriminologische Studien, München 1995.

Hartmann, Arthur/ Stroezel, Holger: Die Bundesweite TOA – Statistik – , In: Bundesministerium der Justiz (Hrsg.): Täter-Opfer-Ausgleich in Deutschland. Bestandsaufnahme und Perspektiven. Bonn 1998, 149-202.

Hartmann, Ute Ingrid: Täter-Opfer-Ausgleich im Spannungsfeld von Anspruch und Wirklichkeit. Eine rechtstatsächliche Untersuchung auf der Grundlage staatsanwaltschaftlicher Ermittlungsakten, Hannover 1995.

Hassemer, Elke: Praktische Erfahrung mit dem Täter-Opfer-Ausgleich – Bestandaufnahme und Konsequenzen, In: Bundesministerium der Justiz (Hrsg.): Täter-Opfer-Ausgleich in Deutschland. Bestandsaufnahme und Perspektiven. Bonn 1998, 373-432.

Hassemer, Winfried: Einführung in die Grundlagen des Strafrechts, 2. Auflage, München 1990.

Hassemer, Winfried: Aufgaben des Strafrechts in privater Hand?, In: Sack, Fritz u.a. (Hrsg.), Privatisierung staatlicher Kontrolle: Befunde, Konzepte, Tendenzen, 1. Auflage, Baden-Baden 1995, 206-218.

Heidelberger Kommentar zur Strafprozessordnung: Bearbeitet von Lemke, Michael u.a., 2. Auflage, Heidelberg, 1999. (Bearbeiter in HK-StPO)

Heinz, Wolfgang: Opfer und Strafverfahren, In: Kaiser, Günther/ Kerner, Hans-Jürgen/ Sack, Fritz/ Schellhoss, Hartmut (Hrsg.), Kleines Kriminologisches Wörterbuch, 3. Auflage, Heidelberg, 1993, 372-377.

Heinz, Wolfgang: Kommunalprävention auf kommunaler Ebene, In: Jehle, Jörg-Martin (Hrsg.), Kriminalprävention und Strafjustiz, Wiesbaden 1996, 55-110.

Hess, Henner: Probleme der sozialen Kontrolle, In: Kerner, Hans-Jürgen/ Göppinger, Hans/ Streng, Franz (Hrsg.), Kriminologie – Psychiatrie – Strafrecht, Festschrift für Heinz Leferenz zum 70. Geburtstag, Heidelberg 1983, 3-24.

Hirsch, Hans Joachim: Zur Abgrenzung von Strafrecht und Zivilrecht, In: Bockelmann, Paul u.a. (Hrsg.), Festschrift für Karl Engisch zum 70. Geburtstag, Frankfurt am Main, 1969, 304- 327.

Hirsch, Hans Joachim: Wiedergutmachung des Schadens im Rahmen des materiellen Strafrechts, Zeitschrift für die gesamte Strafrechtswissenschaft 102, 1990, 534-562.

Hirsch, Hans Joachim: Zusammenfassung der Ergebnisse des Kolloquiums und Frage weiterer Forschung, In: Eser, Albin; Kaiser, Günther; Madlener, Kurt (Hrsg.): Neue Wege der Wiedergutmachung im Strafrecht. Freiburg 1990, 377-393.(Zitat: 1990_a)

Hirsch, Hans Joachim: Empfehlen sich Änderungen und Ergänzungen bei den strafrechtlichen Sanktionen ohne Freiheitsentzug? Diskussion auf dem 59. Deutschen Juristentag (in Hannover 1992), Sitzungsbericht O, München 1992, 69-71.

Hörnle, Tatjana/ von Hirsch, Andrew: Positive Generalprävention und Tadel, Goltdammer's Archiv für Strafrecht 142, 1995, 260-282.

Jakobs, Günther: Schuld und Prävention. Recht und Staat in Geschichte und Gegenwart, Heft 452/453, Tübingen 1976.

Jakobs, Günther: Strafrecht, Allgemeiner Teil, 2. Auflage, Die Grundlagen und die Zurechnungslehre, Berlin, New York 1993.

Jehle, Jörg-Martin; Möglichkeiten und Grenzen der Kriminalprävention, Einige Überlegungen aus empirischer und strafrechtlicher Sicht, In: Jehle, Jörg-Martin (Hrsg.), Kriminalprävention und Strafjustiz, Wiesbaden 1996, 12-33.

Jescheck, Hans-Heinrich/ Weigend, Thomas: Lehrbuch des Strafrechts, Allgemeiner Teil, 5 Auflage, Berlin 1996.

Jesionek, Udo: Die Konfliktregelung in neuen österreichischen Jugendrecht, In: Melnizky, Walter/ Müller, Otto F. (Hrsg.), Strafrecht, Strafprozessrecht und Kriminologie, Festschrift für Franz Pallin zum 80. Geburtstag, Wien 1989, 161-181.

Jesionek, Udo: Konfliktregelung bei Erwachsenen in Österreich, In: Hering, Rainer-Dieter/ Rössner, Dieter (Hrsg.), Täter-Opfer-Ausgleich im allgemeinen Strafrecht: Theorie und Praxis konstruktiver Tatverarbeitung: Grundlagen, Modelle, Resultate und Perspektiven, Bonn 1993, 223-239.

Jung, Heike: Sanktionensysteme und Menschenrechte, Bern u.a., 1992.

Jung, Heike: Viktimologie, In: Kaiser, Günther/ Kerner, Hans-Jürgen/ Sack, Fritz/ Schellhoss, Hartmut (Hrsg.), Kleines Kriminologisches Wörterbuch, 3. Auflage, Heidelberg, 1993, 582-588.

Kaiser, Günther: Kriminologie. Eine Einführung in die Grundlage, 10 Auflage, Heidelberg 1993.

Kaiser, Günther: Täter-Opfer-Ausgleich nach dem SPD-Entwurf eines Gesetzes zur Reform des strafrechtlichen Sanktionensystems, Zeitschrift für Rechtspolitik 27, 1994, 314-319.

Kaiser, Günther: Kriminologie. Ein Lehrbuch, 3. Auflage, Heidelberg 1996.

Karlsruher Kommentar zur Strafprozessordnung: Pfeiffer, Gerd (Hrsg.), 4. Auflage, München. (KK-Bearbeiter)

Kern, Bernd-Rüdiger: Die Genugtuungsfunktion des Schmerzensgeldes – ein pönales Element im Schadensrecht?, Archiv für die civilistische Praxis, 1991, 247-271.

Kilchling, Michael: Aktuelle Perspektiven für Täter-Opfer-Ausgleich und Wiedergutmachung im Erwachsenenstrafrecht. Eine kritische Würdigung der bisherigen höchstrichterlichen Rechtsprechung zu § 46 a StGB aus viktimologischer Sicht. Neue Zeitschrift für Strafrecht 16, 1996, 309-317.

Kleinknecht, Theodor/ Meyer-Goßner, Lutz: Strafprozessordnung, Gerichtsverfassungsgesetz, Nebengesetze und ergänzende Bestimmungen, 44. Auflage, München 1999.

Kley-Struller, Anna: Wiedergutmachung im Strafrecht, Bern u.a.1992.

Kondziela, Andreas: Täter-Opfer-Ausgleich und Unschuldvermutung, Monatsschrift für Kriminologie und Strafrechtsreform 72, 1989, 177-189.

König, Peter/ Seitz, Helmut: Die straf- und strafverfahrensrechtlichen Regelungen des Verbrechensbekämpfungsgesetzes, Neue Zeitschrift für Strafrecht 15, 1995, 1-6.

Kuhn, Annemarie/ Rössner, Dieter: Konstruktive Tatverarbeitung im Jugendstrafrecht: „Handschlag" statt Urteil, Theoretische Basis und erste empirische Ergebnisse eines Modells zum Täter-Opfer-Ausgleich, Zeitschrift für Rechtspolitik 20, 1987, 267-270.

Kury, Helmut: Behandlungsforschung, In: Kaiser, Günther/ Kerner, Hans-Jürgen/ Sack, Fritz/ Schellhoss, Hartmut (Hrsg.), Kleines Kriminologisches Wörterbuch, 3. Auflage, Heidelberg, 1993, 59-71.
Lackner, Karl/ Kühl, Kristian: Strafgesetzbuch mit Erläuterung, 22. Auflage, München 1997.

Lampe, Ernst-Joachim: Wiedergutmachung als „dritte Spur" des Strafrechts? Goltdammer´s Archiv für Strafrecht 140, 1993, 487-494.

Landau, Herbert/ Eschelbach, Ralf: Absprachen zur strafrechtlichen Hauptverhandlung, Neue Juristische Wochenschrift 52, 1999, 321-326.

Leipziger Kommentar: Strafgesetzbuch. Großkommentar., 10. Auflage, Herausgegeben von Jescheck, Hans-Heinrich/ Ruß, Wolfgang/ Willms, Günter, New York 1978-1989; 11 Auflage, seit 1992.(LK-Bearbeiter)

Lilie, Hans: Die Wiedergutmachung im System der Strafzwecke, In: Schöch, Heinz (Hrsg.): Wiedergutmachung und Strafrecht. Symposion aus Anlass des 80. Geburtstags Friedrich Schaffstein, München 1987, 56-61.

Loos, Fritz: Zur Kritik des „Alternativentwurfs Wiedergutmachung". Zeitschrift für Rechtspolitik 26, 1993, 51-56.

Löschnig-Gspandl, Mariannne: Die Wiedergutmachung im österreichischen Strafrecht. Auf dem Weg zu einem neuen Kriminalrecht?, Wien 1996.

Löwe-Rosenberg: Die Strafprozeßordnung und das Gerichtsverfassungsgesetz. Großkommentar, 23. Auflage, Berlin u.a. 1978.; 24 Auflage, 1989.(LR-Bearbeiter)

Maurach, Reinhart/ Gössel, Karl Heinz/ Zipf, Heinz: Strafrecht, Allgemeiner Teil, Teilband 2, Erscheinungsformen des Verbrechens und Rechtsfolgen der Tat, Lehrbuch, 7. Auflage, Heidelberg 1989.

Meier, Bernd-Dieter: Umleitung der Geldstrafe für Zwecke der Wiedergutmachung. Überlegungen zur Berücksichtigung von Verletzteninteressen in der Strafvollstreckung. Zeitschrift für Rechtspolitik 24, 1991, 68-73.

Meier, Bernd-Dieter: Gewaltdelinquenz und strafrechtliche Reaktion. Bestandsaufnahme und Forschungsperspektiven, Juristenzeitung 50, 1992, 434-441.

Meier, Bernd-Dieter: Täter-Opfer-Ausgleich und Wiedergutmachung im allgemeinen Strafrecht. Juristische Schulung 36, 1996, 436-442.

Meier, Bernd-Dieter: Konstruktive Tatverarbeitung im Strafrecht - Bestandsaufnahme und Reformperspektiven - , Goltdammer´s Archiv für Strafrecht 146, 1999, 1-20.

Meyer, Jürgen: Zur Reform der strafrechtlichen Sanktionensystems unter besonderer Berücksichtigung des Täter-Opfer-Ausgleichs. In: Schmoller, Kurt (Hrsg.), Festschrift für Otto Triffterer zum 65. Geburtstag, Wien; New York 1996, 629-647.

Meyer, Maria-Katharina: Das »Fehlen des öffentlichen Interesses« in § 153 Abs. 1 StPO – eine überflüssige und überdies gefährliche Leerformel?, Goltdammer´s Archiv für Strafrecht 144, 1997, 404-417.

Moos, Reinhard: »Tatausgleich« statt Strafe in Österreich, Schweizerische Zeitschrift für Strafrecht 111, 1993, 56-80.

Neumann, Ulfried/ Schroth, Ulrich: Neuere Theorien von Kriminalität und Strafe, Darmstadt 1980.

Noll, Peter: Die ethische Begründung der Strafe, Recht und Staat Heft 244, Tübingen 1962.

Pelikan, Christa: Der österreichische Modellversuch „Außergerichtlicher Tatausgleich im Erwachsenenstrafrecht“ (ATAE). In: Kerner, Hans-Jürgen/ Hassemer, Elke/ Marks, Erich/ Wandrey, Michael (Hrsg.): Täter-Opfer-Ausgleich – auf dem Weg zur bundesweiten Anwendung? Beiträge zu einer Standortbestimmung. Bonn 1994, 187-197.

Peters, Helge: Devianz und soziale Kontrolle, Eine Einführung in die Soziologie abweichenden Verhaltens, 2. Auflage, Weinheim; München 1995.

Pfohl, Michael: Gemeinnützige Arbeit als strafrechtliche Sanktion: eine rechtsvergleichende Untersuchung unter Berücksichtigung der britischen Community Service Order, Berlin 1983.

Ransiek, Andreas: Unternehmensstrafrecht. Strafrecht, Verfassungsrecht, Regelungsalternativen, Heidelberg 1996.

Rieß, Peter: Die Rechtsstellung des Verletzten im Strafverfahren, Gutachten C zum 55. Deutschen Juristentag. München 1984.

Rixen, Stephan: Wiedergutmachung im Strafvollzug? Eine kritische Analyse der Vorschläge des „Alternativ-Entwurfs Wiedergutmachung (AE-WGM)“, Zeitschrift für Strafvollzug und Straffälligenhilfe 43, 1994, 215-221

Rössner, Dieter: Bagatelldiebstahl und Verbrechenskontrolle. Ein exemplarischer Beitrag zur Entkriminalisierung durch quantitative Begrenzung des Strafrechts, Frankfurt am Main, 1976.

Rössner, Dieter: Strafrechtsreform durch partielle Entkriminalisierung, Zeitschrift für Rechtspolitik 9, 1976, 141-146.(Zitat: 1976_a)

Rössner, Dieter: Wiedergutmachen statt Übelvergelten – (Straf-) theoretische Begründung und Eingrenzung der kriminalpolitischen Idee. In: Marks, Erich; Rössner, Dieter(Hrsg.): Täter-Opfer-Ausgleich. Vom zwischenmenschlichen Weg zur Wiederherstellung des Rechtsfriedens, Bonn 1989, 7-41.

Rössner, Dieter: Täter-Opfer-Ausgleich als flächendeckendes Gesamtkonzept des Strafrechts, In: Täter-Opfer-Ausgleich, Zwischenbilanz und Perspektiven, Bonner Symposium 1989, veranstaltet von der Deutschen Bewährungshilfe und dem Bundesministerium der Justiz, Bonn 1992, 210-220.

Rössner, Dieter: Strafrechtsfolgen ohne Übelzufügung? – Zur Reform der Sanktionen ohne Freiheitsentzug –, Neue Zeitschrift für Strafrecht 12, 1992, 409-415.(Zitat: 1992_a)

Rössner, Dieter: Autonomie und Zwang im System der Strafrechtsfolgen, In: Arzt, Gunther u.a. (Hrsg.), Festschrift für Jürgen Baumann zum 70. Geburtstag, Bielefeld 1992, 269-279.(Zitat: 1992_b)

Rössner, Dieter: Wiedergutmachung im Strafrecht – Straftheoretische Grundlage des AE-WGM, In: Marks, Erich/ Meyer, Klaus/ Schreckling, Jürgen/ Wandrey, Michael (Hrsg.), Wiedergutmachung und Strafrechtspraxis, Erfahrungen, neue Ansätze, Gesetzgebungsvorschläge, Bonn 1993, 341-358.

Rössner, Dieter: Wiedergutmachung als Aufgabe der Strafrechtspflege. In: Hering, Rainer-Dieter/ Rössner, Dieter (Hrsg.): Täter-Opfer-Ausgleich im allgemeinen Strafrecht. Theorie und Praxis konstruktiver Tatverarbeitung: Grundlagen, Modelle, Resultate und Perspektiven, Bonn 1993, 99-152.(Zitat: 1993_a)

Rössner, Dieter: Der Alternativ-Entwurf Wiedergutmachung: Das erste Gesamtkonzept eines sozialkonstruktiven Strafrechts. In: Hammerschick, Walter/ Pelikan, Christa/ Pilgram, Arno (Hrsg.): Ausweg aus dem Strafrecht – Der „außergerichtliche Tatausgleich". Überlegungen anlässlich eines „Modellversuchs" im österreichischen (Erwachsenen-) Strafrecht. Jahrbuch für Rechts- und Kriminalsoziologie '94. Baden-Baden 1994, 199-213.

Rössner, Dieter: Verfahrenserledigung durch Täter-Opfer-Ausgleich im Allgemeinen Strafrecht. In: 19. Strafverteidigertag. Aktuelle Probleme der Strafverteidigung unter neuen Rahmenbedingungen. Köln 1995, 163-185.

Rössner, Dieter: Was kann das Strafrecht im Rahmen der Sozialkontrolle und der Kriminalprävention leisten?, Überlegungen zu einer neuen theoretischen Grundlegung, In: Jehle, Jörg-Martin (Hrsg.), Kriminalprävention und Strafjustiz, Wiesbaden 1996, 203-225.

Rössner, Dieter: Kommentierung §§ 374-406 h. In: Bearbeitet von Achenbach, Hans u.a., Kommentar zur Strafprozessordnung: in 3 Bände. Reihe

Alternativkommentar Band. 3, §§ 276-477. Neuwied; Kriftel; Berlin; Luchterhand 1996.(Zitat: AK-StPO-Rössner)

Rössner, Dieter/ Wulf, Rüdiger: Opferbezogene Strafrechtspflege. Leitgedanken und Handlungsvorschläge für Praxis und Gesetzgebung. Beiheft zum Rundbrief Soziale Arbeit und Strafrecht Nr. 3. Bonn 1984.

Rössner, Dieter/ Klaus, Thomas: Rechtsgrundlagen und Rechtspraxis, In: Bundesministerium der Justiz (Hrsg.): Täter-Opfer-Ausgleich in Deutschland. Bestandsaufnahme und Perspektiven. Bonn 1998, 49-119.

Rössner, Dieter/ Klaus, Thomas: Dem Adhäsionsverfahren eine Chance, Zeitschrift für Rechtspolitik 31, 1998, 162-164.
(Zitat: 1998_a)

Rössner, Dieter/ Britta, Bannenberg: Konfliktregelung bei Gewaltstraftaten in Paarbeziehungen, Kurzfassung des Gutachtens Mediation bei Gewaltstraftaten in Paarbeziehungen, Senatsamt für die Gleichstellung Hamburg, Hamburg 1999.

Roxin, Claus: Die Wiedergutmachung im System der Strafzwecke. In: Schöch, Heinz (Hrsg.): Wiedergutmachung und Strafrecht. Symposion aus Anlass des 80. Geburtstags Friedrich Schaffstein, München 1987, 37-55.

Roxin, Claus: Zur Wiedergutmachung als einer „dritten Spur" im Sanktionensystem. In: Arzt, Gunther/ Weber, Ulrich (Hrsg.): Festschrift für Jürgen Baumann zum 70. Geburtstag. Bielefeld 1992, 243-254.

Roxin, Claus: Strafrecht. Allgemeiner Teil, Band I, Grundlagen, Der Aufbau der Verbrechenslehre, 2. Auflage, München 1994.

Roxin, Claus: Strafverfahrensrecht. Ein Studienbuch, 24. Auflage, München 1995.

Sack, Fritz: Recht und soziale Kontrolle, In: Kaiser, Günther/ Kerner, Hans-Jürgen/ Sack, Fritz/ Schellhoss, Hartmut (Hrsg.), Kleines Kriminologisches Wörterbuch, 3. Auflage, Heidelberg, 1993, 416-421.

Schabel, Bernhard: Erneut: Zur Anwendbarkeit des § 46 a StGB im Steuerstrafrecht, Zeitschrift für Wirtschaft- und Steuerstrafrecht 1997, 201-206.

Schäfer, Gerhard: Praxis der Strafzumessung, 2. Auflage, München 1995.

Schalast, Norbert/Leygraf, Norbert: Die Unterbringung in einer Entziehungsanstalt: Auswirkungen des Beschlusses des BverfG, NStZ 1994, 578, Neue Zeitschrift für Strafrecht 19, 1999, 485-490.

Schild, Wolfgang: Täter-Opfer-Ausgleich als Strafe. In: Schlüchter, Ellen (Hrsg.): Kriminalistik und Strafrecht: Festschrift für Friedrich Geerds zum 70. Geburtstag. Lübeck 1995, 157-174.

Schneider, Hans Joachim: Kriminologie, 2. Auflage, Berlin u.a. 1987.

Schneider, Hans Joachim: Viktimologie. In: Siverts, Rudolf; Schneider, Hans Joachim (Hrsg.): Handwörterbuch der Kriminologie. Band 5, Lieferung 3., Berlin 1998, 405-425.

Schöch, Heinz: Empirische Grundlagen der Generalprävention, In: Volger, Theo (Hrsg.), Festschrift für Hans-Heinrich Jescheck zum 70. Geburtstag, Berlin 1985, 1081-1105.

Schöch, Heinz: Strafrecht zwischen Freien und Gleichen im demokratischen Rechtsstaat. Zur konkreten Utopie der Wiedergutmachung im Strafverfahren. In: Kaufmann, Arthur u.a. (Hrsg.): Rechtsstaat und Menschenwürde. Festschrift für Werner Maihofer. Frankfurt am Main 1988, 461-479.

Schöch, Heinz: Vorläufige Ergebnisse der Diskussionen zu einem AE Wiedergutmachung. In: Eser, Albin; Kaiser, Günther; Madlener, Kurt (Hrsg.): Neue Wege der Wiedergutmachung im Strafrecht. Freiburg 1990, 73-82.

Schöch, Heinz: Empfehlen sich Änderungen und Ergänzungen bei den strafrechtlichen Sanktionen ohne Freiheitsentzug?, Gutachten C zum 59. Deutschen Juristentag (in Hannover 1992), München 1992.

Schöch, Heinz: Der Alternativ-Entwurf Wiedergutmachung. In: Marks, Erich/ Meyer, Klaus/ Schreckling, Jürgen/ Wandrey, Michael (Hrsg.): Wiedergutmachung und Strafrechtspraxis. Erfahrungen, neue Ansätze, Gesetzesvorschläge. Bonn 1993, 359-379.

Schöch, Heinz: Verkehrsdelikte, In: Kaiser, Günther/ Kerner, Hans-Jürgen/ Sack, Fritz/ Schellhoss, Hartmut (Hrsg.), Kleines Kriminologisches Wörterbuch, 3. Auflage, Heidelberg, 1993, 577-581.(Zitat: 1993_a)

Schöch, Heinz: Die Rechtswirklichkeit und präventive Effizienz strafrechtlicher Sanktionen, In: Jehle, Jörg-Martin (Hrsg.), Kriminalprävention und Strafjustiz, Wiesbaden 1996, 291-326.

Schönke, Adolf/ Schröder, Horst: Strafgesetzbuch. Kommentar, Herausgegeben von Lenckner, Theodor/ Cramer, Peter/ Eser, Albin/ Stree, Walter., 25 Auflage, München 1997. (Schönke/Schröder-Bearbeiter).

Schreckling, Jürgen: Bestandsaufnahme zur Praxis des Täter-Opfer-Ausgleichs in der Bundesrepublik Deutschland, Herausgegeben von Bundesministerium der Justiz, Bonn, 1991.

Schroll, Hans Valentin: Konfliktregelung bei Erwachsenen, In: Hering, Rainer-Dieter/ Rössner, Dieter (Hrsg.), Täter-Opfer-Ausgleich im allgemeinen Strafrecht: Theorie und Praxis konstruktiver Tatverarbeitung: Grundlagen, Modelle, Resultate und Perspektiven, Bonn 1993, 241-258.

Schultz, Hans: Wiedergutmachung im Schweizer Strafrecht, In: Eser, Albin; Kaiser, Günther; Madlener, Kurt (Hrsg.): Neue Wege der Wiedergutmachung im Strafrecht. Freiburg 1990, 219-232.

Schumann, Karl F.: Labeling approach und Abolitionismus, Kriminologisches Journal 170, 1985, 19-28 .

Schumann, Karl F/ Berlitz, C./ Guth, H. W./ Kanlitzki, R.: Jugendkriminalität und die Grenzen der Generalprävention, Darmstadt 1987.

Schünemann, Bernd: Zur Stellung des Opfers im System der Strafrechtspflege, Neue Zeitschrift für Strafrecht 6, 1986, 193-200 und 439-443.

Schünemann, Bernd: Absprachen im Strafverfahren? Grundlagen, Gegenstände und Grenzen, Gutachten B für den 58. Deutschen Juristentag in München 1990, München 1990.

Schwind, Hans-Dieter/ Baumann, Jürgen: Ursachen, Prävention und Kontrolle von Gewalt: Analysen und Vorschläge der Unabhängigen Regierungskommission zur Verhinderung und Bekämpfung von Gewalt (Gewaltkommission), Berlin, 1990.

Seelmann, Kurt: Strafzweck und Wiedergutmachung, Zeitschrift für Evangelische Ethik 25, 1981, 44-55.

Sessar, Klaus: Schadenswiedergutmachung in einer künftigen Kriminalpolitik. In: Kerner, Hans-Jürgen; Göppinger, Hans; Streng, Franz (Hrsg.): Festschrift für Heinz Leferenz zum 70. Geburtstag. Heidelberg 1983, 145-161.

Sitzungsbericht O: Ständige Deputation des Deutschen Juristentag (Hrsg.): Empfehlen sich Änderung und Ergänzung bei den strafrechtlichen Sanktionen ohne Freiheitsentzug?, Band II (Sitzungsberichte) Teil O, München 1992.

Streng, Franz: Strafrechtliche Sanktionen. Grundlagen und Anwendung, Stuttgart u.a. 1991.

Systematischer Kommentar zum Strafgesetzbuch: Bearbeitet von Rudolphi, Hans-Joachim/ Horn, Eckhard/ Samson, Erich/ Günther, Hans-Ludwig, Band I, Allgemeiner Teil, 6. Auflage, Frankfurt am Main 1995. (SK-Bearbeiter)

Trenczek, Thomas: Täter-Opfer-Ausgleich. Grundgedanken und Mindeststandards. Zeitschrift für Rechtspolitik 25, 1992, 130-132.

Tröndle, Herbert: Strafgesetzbuch und Nebengesetze, 48. Auflage, München 1997.

Walther, Susanne: Was soll „Strafe"?, Zeitschrift für die gesamte Strafrechtswissenschaft 111, 1999, 123-143.

Weigend, Thomas: Das Opferschutzgesetz – kleine Schritte zu welchem Ziel?, Neue Juristische Wochenschrift 40, 1987, 1170-1177.

Weigend, Thomas: Deliktsopfer und Strafverfahren. Berlin 1989.

Weigend, Thomas: Sanktion ohne Freiheitsentzug, Goltdammer's Archiv für Strafrecht 139, 1992, 345-367.

Weigend Thomas: Empfehlen sich gesetzliche Änderungen, um Zeugen und andere nicht beschuldigte Personen im Strafprozessrecht besser vor Nachteilen zu bewahren?, Gutachten C für den 62. Deutschen Juristentag (in Bremen 1998), München, 1998.

Wulf, Rüdiger: Opferbezogene Vollzugsgestaltung – Grundzüge eines Behandlungsansatzes, Zeitschrift für Strafvollzug und Straffälligenhilfe 34, 1985, 67-77.

Zipf, Heinz: Kriminalpolitik. Ein Lehrbuch, 2. Auflage, Heidelberg; Karlsruhe 1980.

Zipf, Heinz: Die Integrationsprävention (positive Generalprävention), In: Melnizky, Walter/ Müller, Otto F. (Hrsg.), Strafrecht, Strafprozessrecht und Kriminologie: Festschrift für Franz Pallin zum 80. Geburtstag, Wien, 1989, 479-490.

Zwinger, Georg: Außergerichtlicher Tatausgleich als »Pädagogik«?, In: Hammerschick, Walter u.a. (Hrsg.), Ausweg aus dem Strafrecht – der »außergerichtliche Tatausgleich«: Überlegungen anlässlich eines »Modellversuchs« im österreichischen (Erwachsenen-) Strafrecht, 1. Auflage, Baden-Baden, 1994, 161-166.

FSC
www.fsc.org
MIX
Papier | Fördert gute Waldnutzung
FSC® C083411

Kolibri 360 GmbH
Ferdinand-Jühlke-Straße 7
99095 Erfurt, Deutschland
produktsicherheit@kolibri360.de

Druck:
CPI Druckdienstleistungen GmbH
im Auftrag der
Kolibri 360 GmbH
Ferdinand-Jühlke-Str. 7
99095 Erfurt